JN180304

子どもにウケる科学手品　ベスト版

どこでも簡単にできる77の感動体験

後藤道夫　著

ブルーバックス

本書は講談社ブルーバックスより刊行された『子どもにウケる科学手品77』（1998年初版）と『もっと子どもにウケる科学手品77』（1999年初版）を底本として、新たに編集したものです。

底本の「まえがき」「あとがき」は、下記URLでご覧になれます。

http://bluebacks.kodansha.co.jp/books/9784065163863/appendix/

カバー装幀／芦澤泰偉・児崎雅淑
カバー写真／杉山和行
カバー用手品実演／東京大学 CAST
本文デザイン／北本裕章
本文イラスト／松本剛
本文写真／楠田守

編集部より

「科学教育で最も大切なことは、子どもに感動をあたえることだと思います」

この言葉を残された本書の著者、後藤道夫先生が紹介する77の手品は、みな簡単にできるのにインパクトは抜群です。

目にした子どもたちは感動し、「自分にもやらせて」とせがんでくることでしょう。ぜひ、親子でかかわりばんこに手品を実演してみてください。必要なのはコップから小銭まで、身近にあるものばかり。材料費もほとんどかかりません。身ひとつでできる手品もあります。

手品を成功させた子どもたちは、今度は「なぜなの？」と、その理由を一生懸命考えようとするはずです。すべての手品には後藤先生のわかりやすい解説がついていますので、子どもたちと一緒に考えたあとの「種明かし」に活用していただけます。

こうして得られた感動が、子どもたちの目の前に豊かな科学の道を開いていくことになると、私たちは期待しています。

２０１９年　講談社ブルーバックス編集部

子どもにウケる科学手品 ベスト版

もくじ

読者のみなさんへのご注意

本書で取り上げる科学手品は、すべて、おとなが行うことを前提としています。子どもにとっては危険な道具を使うものもありますので、子どもだけでやらせるのはおやめください。

おとなが子どもに見せてあげるときも、子どもに危害がおよばないように、ガラス、せともの、刃物類、ガスコンロの火、熱いお湯などの取り扱いには、十分注意してください。

また、手品ですから、失敗することもあります。失敗したときに大事に至らないような配慮を必ずしてください。

第1章 台所で科学手品

1

水入りポリエチレン袋がハリネズミに

ポリエチレンの袋《ふくろ》に水を満たして吊《つる》して持ち、先のとがった鉛筆を数本突き刺《さ》しても、水は少しもこぼれません。

①

スーパーなどでもらったポリエチレン袋に水を満たし、吊して持ちます。

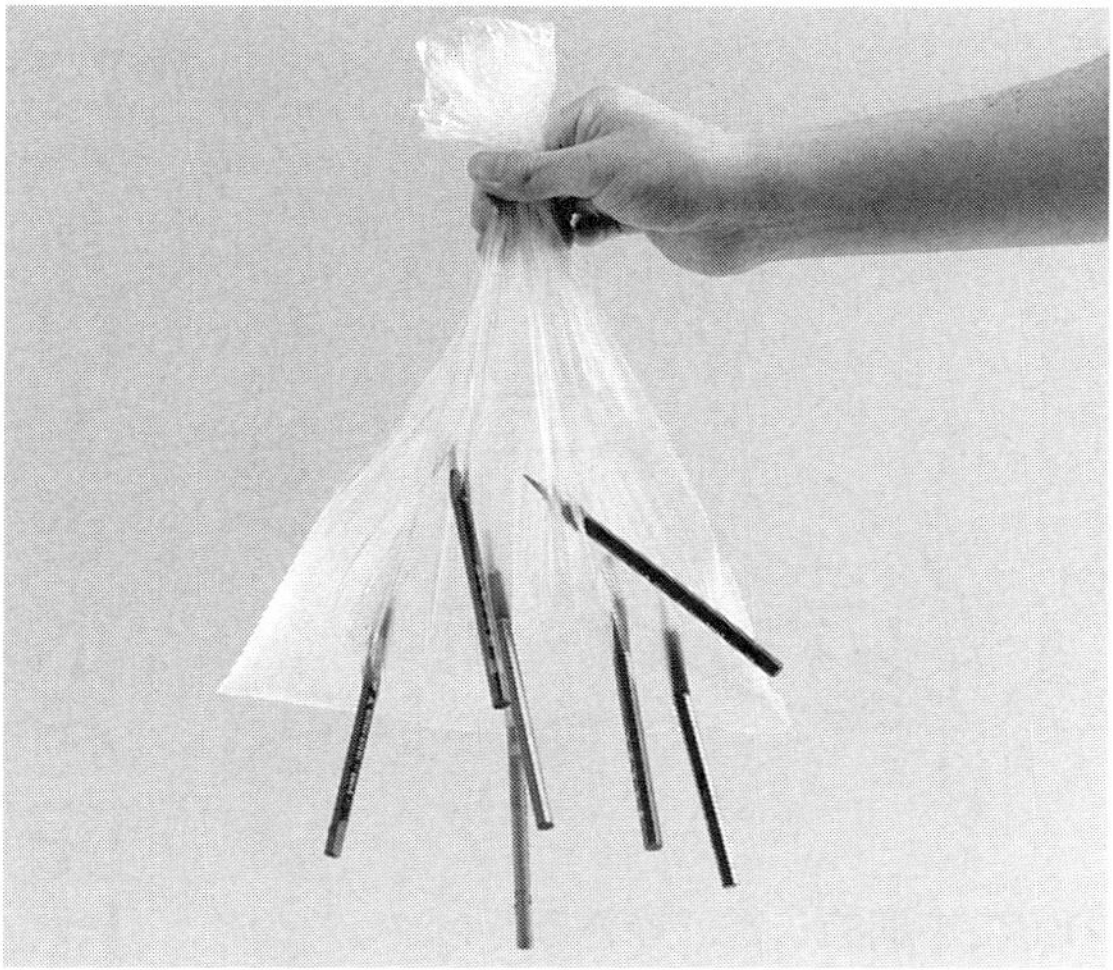

②

先のとがった鉛筆を突き刺します。1本、2本、3本と突き刺していっても水はこぼれません。

なぜなの?

ポリエチレンの分子は、熱せられると縮む性質を持っています。このため、袋に鉛筆が勢いよく突き刺さったときに発生する摩擦熱《まさつねつ》により、分子はおたがいに引っぱりあって縮んで鉛筆に密着し、水が漏《も》れないのです。さらに、袋に突き刺した鉛筆のまわりのわずかなすきまの水も、表面張力により、内部の水が漏れ出るのを防いでいるのです。

2 ストローで水を曲げる

水道の蛇口《じゃぐち》から細く流れ出ている水にストローを近づけると、水の流れが急に曲がってストローに近づきます。

①

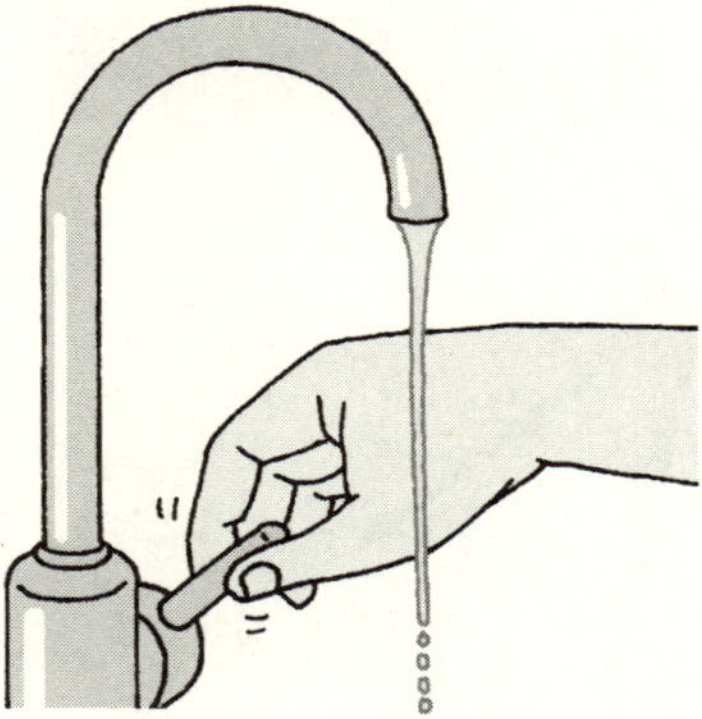

水道の蛇口を調節して、できるだけ細い水の流れをつくります。

②

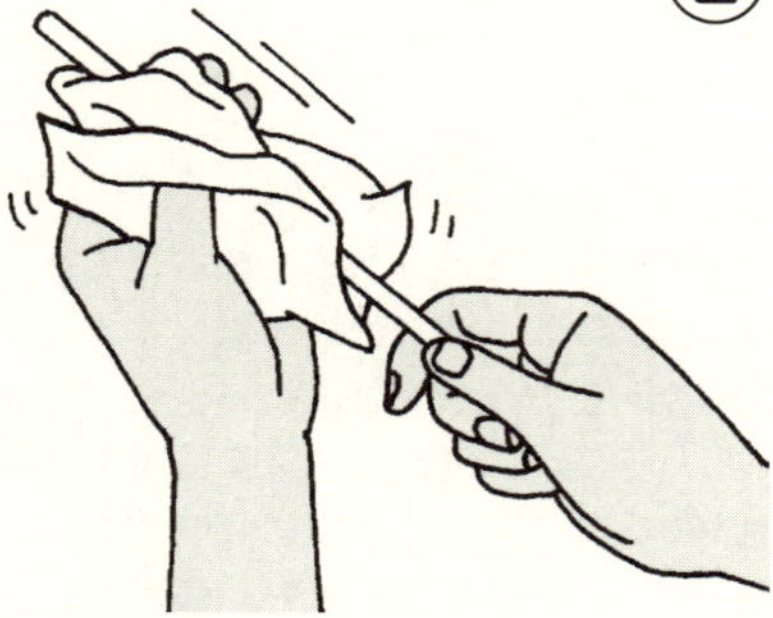

ストローをティッシュペーパーで数回こすります。

③

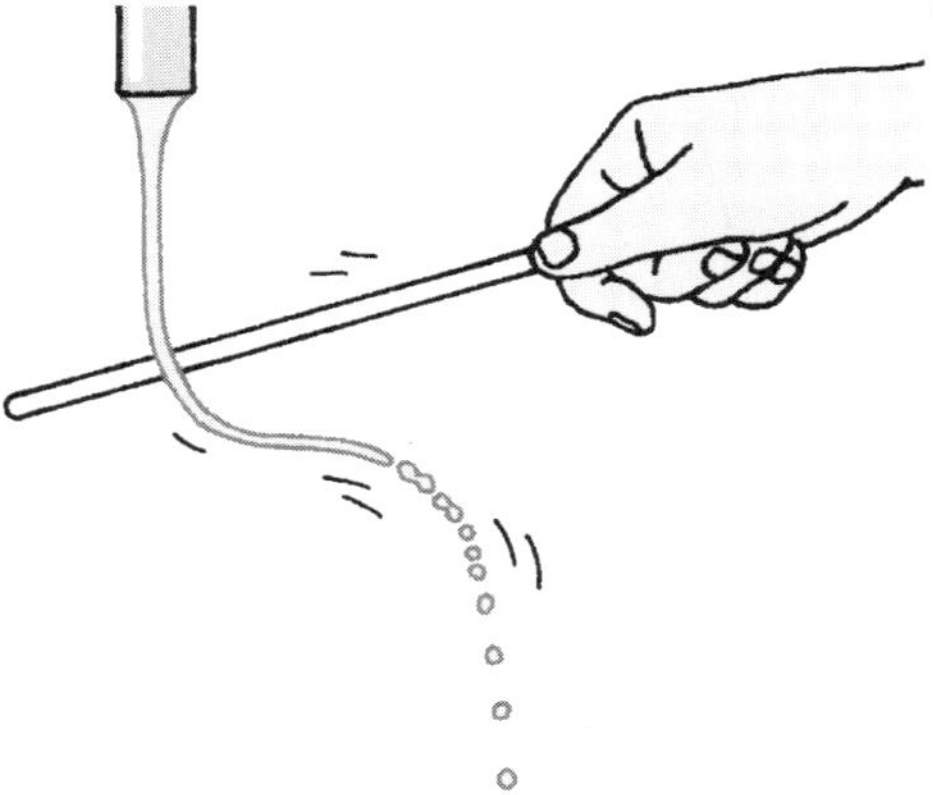

それを水の流れに近づけると、水の流れは
ストローに引きつけられて曲がります。

なぜなの？

ストローをティッシュペーパーでこすると、ストローには電圧の高いマイナスの静電気がたまります。

一方、水の分子は水素２個と酸素１個からできていますが、水素はプラスの電荷を、酸素はマイナスの電荷を帯びており、１つの分子の中にわずかながら電気的なかたよりがあります。

このため、ストローを水の流れに近づけると、ストローのマイナスの電荷に水分子のプラスの部分が引きつけられることになり、ストローのほうに向かって流れが急に曲がるのです。（109ページも参照）

3

米吊り

さらさらした米の詰まった重いびんの中に、割りばしを差して引き上げると、びんが持ち上がります。

①

牛乳びんなど、口が少しすぼまったびんの中に、米をいっぱいに入れます。

②

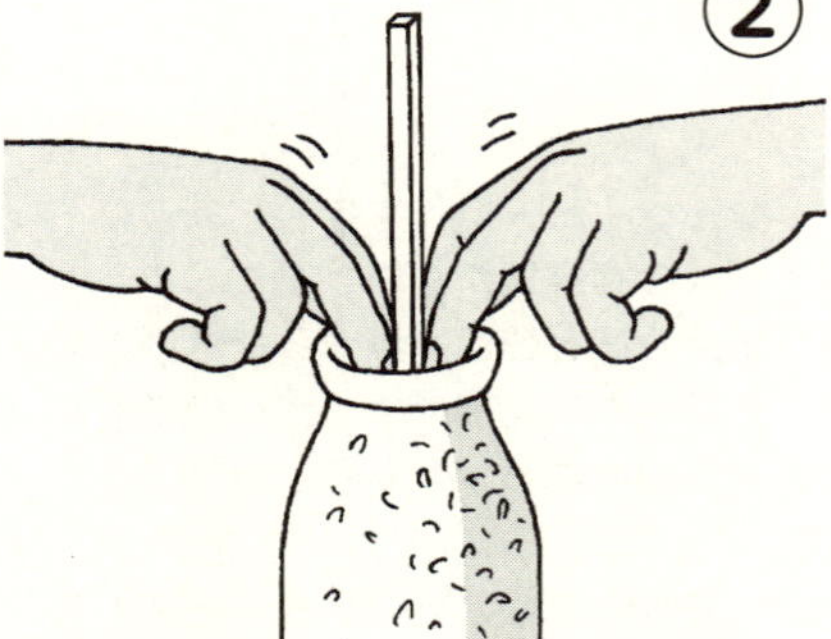

その中に割りばしを深く差し込み、ギュウギュウとまわりの米を押し込みます。

③

割りばしを持ち上げると、割りばしは抜けることなく、重い米入りびんをいっしょに持ち上げることができます。

〈注意〉
安全のため、下にタオルなどを敷《し》いてやりましょう。

なぜなの？

米はさらさらしていますが、びんの中にギュッと押し込められているために、割りばしと米のあいだには、想像以上に大きな摩《ま》擦《さつ》力《りょく》がはたらきます。このため、割りばしが抜けることなく、米の詰まった重いびんを持ち上げることができるのです。

4

水を入れた紙コップが燃えない

紙は燃えやすいものの代表です。ところが、これに水を入れると、いくらガスの火を直接あてても、燃えなくなってしまうのです。

①

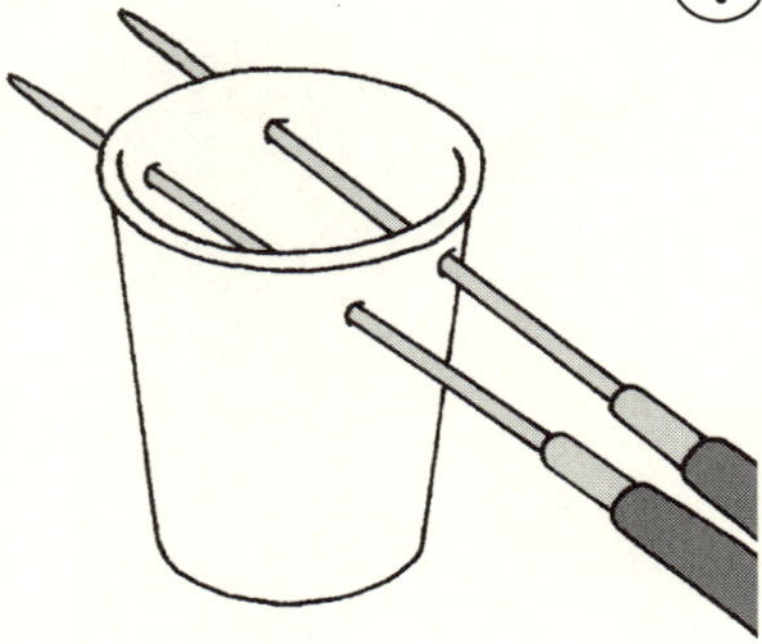

紙コップの上のほうを、天ぷら用の鉄製の菜《さい》ばしでつらぬき、取っ手とします。

②

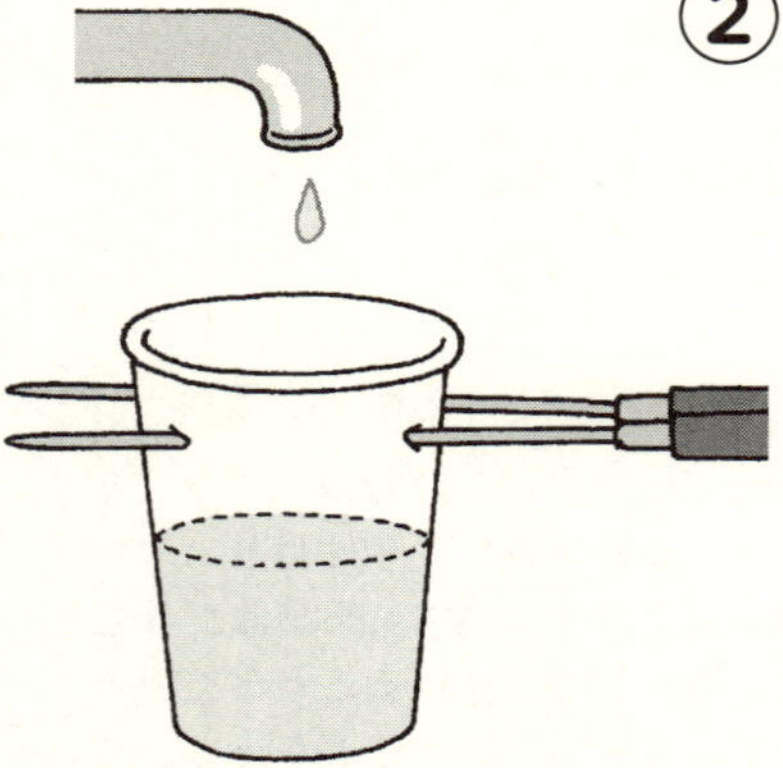

紙コップに半分くらい水を入れます。

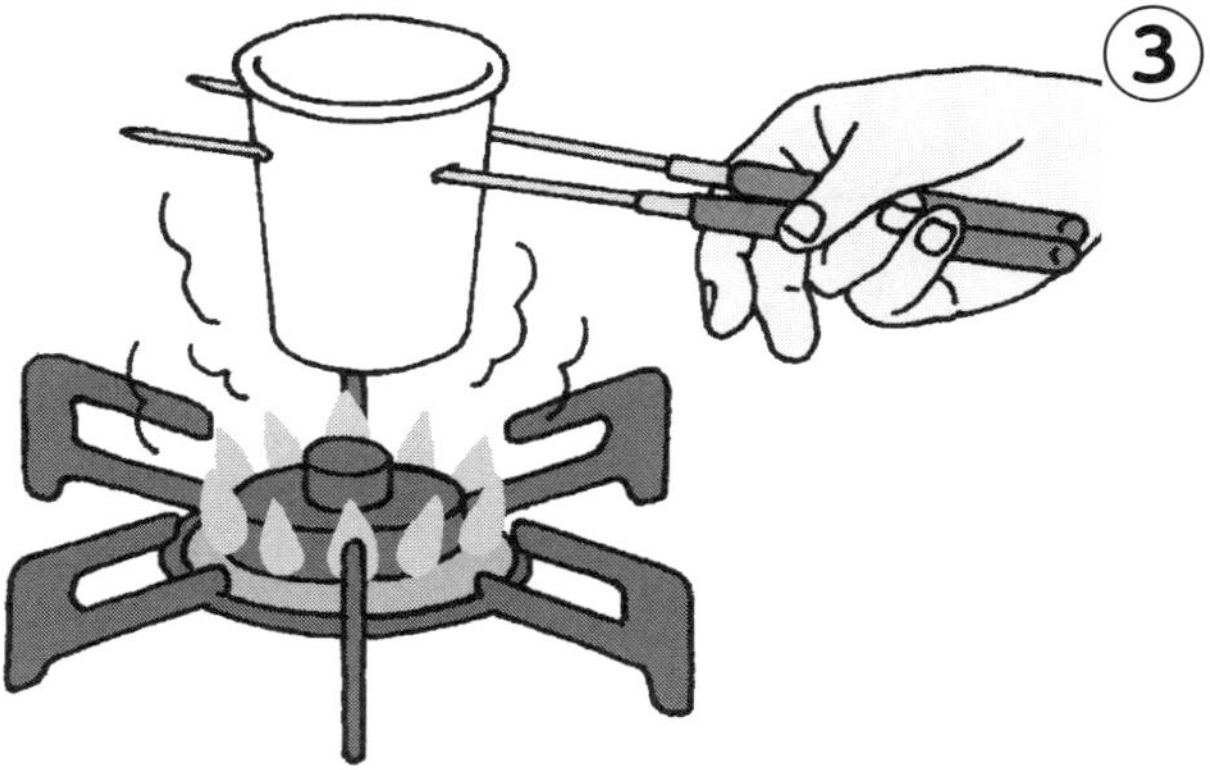

ガスを中火にし、紙コップを直接火にかざします。しかし、まったく燃えません。

〈注意〉

子どもの顔が火に近づきすぎないように注意しましょう。

なぜなの?

紙は数百℃の発火点に温度が上昇しないと燃えません。水は熱容量が大きいため、ガスの火からの熱量をどんどん吸収してしまうのですが、水の温度が100℃を超えることはありません。それで紙は燃えないのです。

5

ペットボトルのトルネード

ペットボトルをただ逆さにしただけでは、中の水はなかなか出てくれません。ところが、ボトルの中にうずをつくると、水は勢いよく瞬時に流出します。

①

２リットル入りの大きなペットボトルに水を満たします。

②

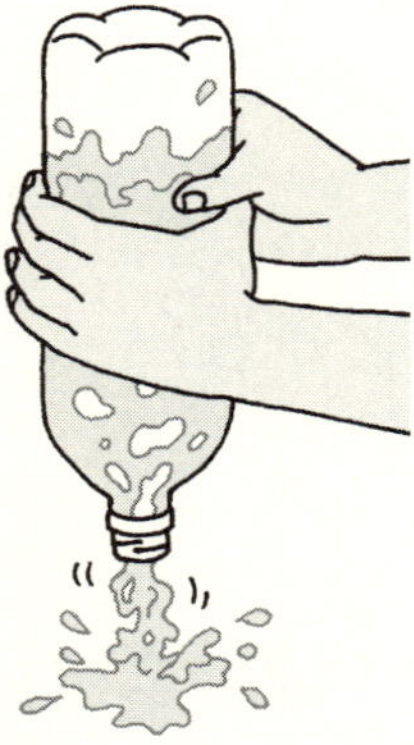

流しで、まず、単に逆さにして水を出してみます。水が全部出切るのに、30秒以上かかるはずです。

③

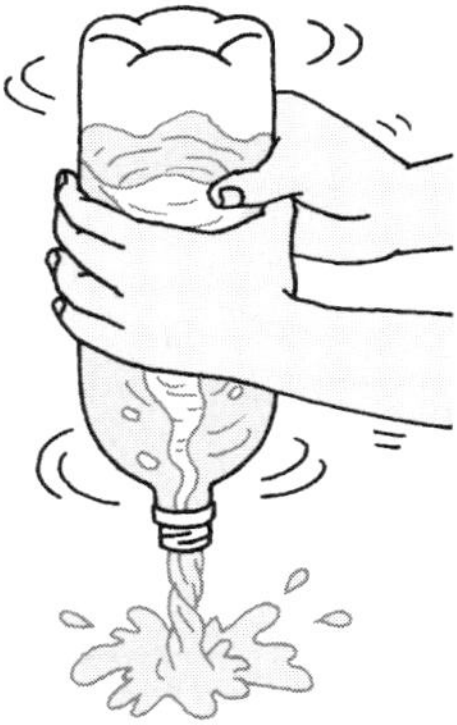

今度は、水を満たして逆さにしたら、すぐにボトルを回転させて中にうずをつくります。すると、水は勢いよく瞬時に全部出てしまいます。

なぜなの？

勢いよく流れる水のようすを観察してみましょう。水の流れの中心は空洞になっていて、ボトルの下の空気がその空洞からボトルの内部に流れ込み、その空気の圧力によって勢いよく水が流れ出ているのがわかると思います。この水の流れはうずをなしており、トルネードと呼ばれます。

応用

ボトルの口をガムテープでおおい直径１センチくらいの穴をあけて、同じことをやると、もっとはっきりトルネードの効果を実感できます。

6 金属ボールの噴水

大きな金属ボールに水を満たし、その縁《ふち》を両手でゴシゴシこすると、いつも四ヵ所の同じ位置から勢いよく水しぶきが上がります。

①

大きな金属ボールに水をたっぷり入れ、ぬれぶきんの上に置いて安定させます。

②

手を石鹼《せつけん》でよく洗ってすべらないようにしてから、両手の手のひらでボールの縁をゴシゴシこすります。

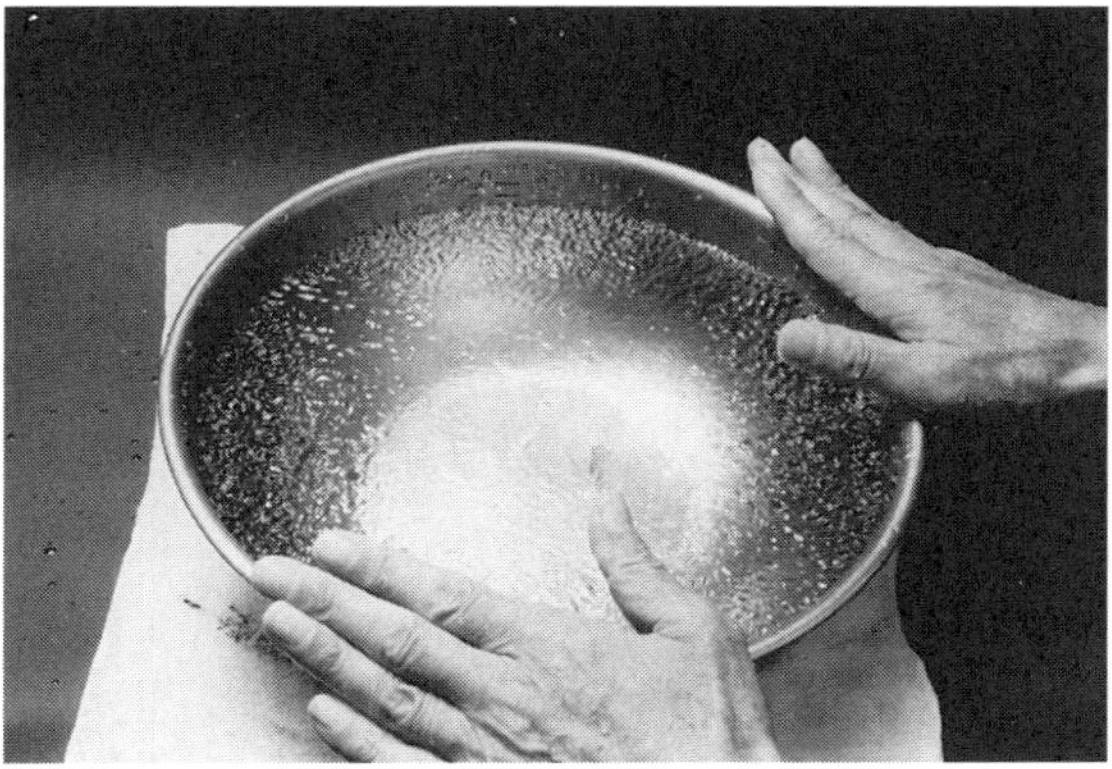

③

すると、ボールの4ヵ所から勢いよく
水しぶきが上がります。

なぜなの?

両手でこすられたときの金属ボールの振動は規則的で、その規則的な振動によって金属ボール自体が共振現象を起こし、共振点のある4ヵ所がゆがみます。これによって、この4ヵ所の水が激しい振動を受け、その振動により水も共振し、やがて水しぶきとなって飛び出すのです。4ヵ所の共振点は金属ボールに特有で、いつもそこからだけ水しぶきが上がります。

応用

もし、立派な中華なべがあれば、その取っ手をこすることによって、同じことができます。テレビなどで見た方も多いでしょう。

7 水が入らない漏斗

漏斗《ろうと》の口がふさがっているわけではありません。ビンの中に向かってちゃんと開いています。なのに、水が落ちていきません。

①

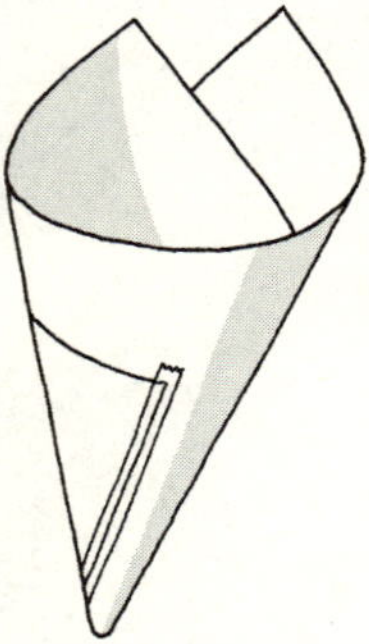

カレンダーなど、しっかりした紙を丸めて、口の直径が3mm程度の漏斗を作ります。継ぎ目は、セロハンテープでふさいでおきましょう。（口が広すぎるとうまくいきません）

②

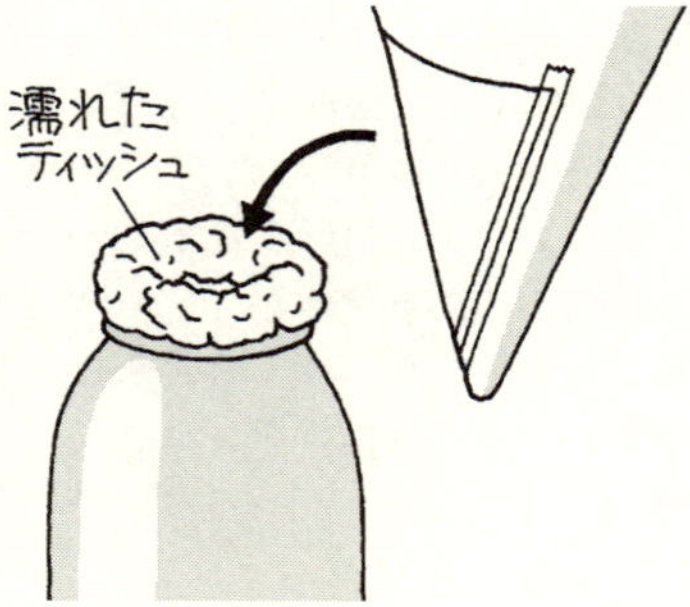

空きビンを1つ用意し、口のまわりを濡れたティッシュでふちどりしてから、すきまができないように、漏斗をやや強めに差し込みます。

③

大きめのコップに水を入れて、一気に漏斗にそそぎます。最初、水はビンの中に落ちますが、そのうち勢いが弱まり、やがて止まってしまいます。

なぜなの?

漏斗の口以外は、密閉された状態になっています。この状態で水がビンに流れ込むと、ビンの中の空気がちぢみ、圧力が高まります。さらに水が流れ込むと、漏斗から落ちようとする水を押し返すまでに空気の圧力が高まり、また、口をふさぐ水の表面張力も加わって、それ以上、漏斗からビンに水は入らなくなります。

なお、漏斗の壁にそって少しずつ水をそそぐと、常に漏斗の口は開いていることになり、この現象は見られません。

8

かさのポリ袋で赤と青の光が見える

雨が降ると、お店の入り口には細長いかさ用のポリ袋《ぶくろ》が置いてあります。この袋にいっぱい水を入れ、懐中電灯《かいちゅうでんとう》の光をあてると、赤と青の光が見えます。

①

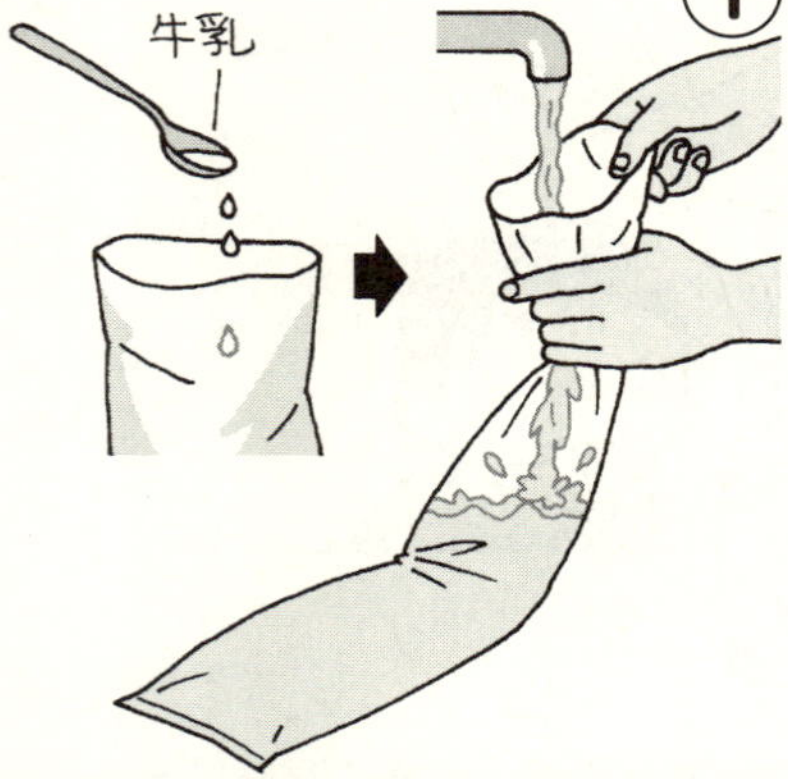

かさを入れる細長いポリ袋に、数滴の牛乳をたらしてから、水をいっぱいに入れて口を結びます。

②

水入りポリ袋を横に寝かせ、部屋の電気を消し、片側から懐中電灯の光をあてます。このとき、懐中電灯のまわりを手でおおって光を細くします。

③

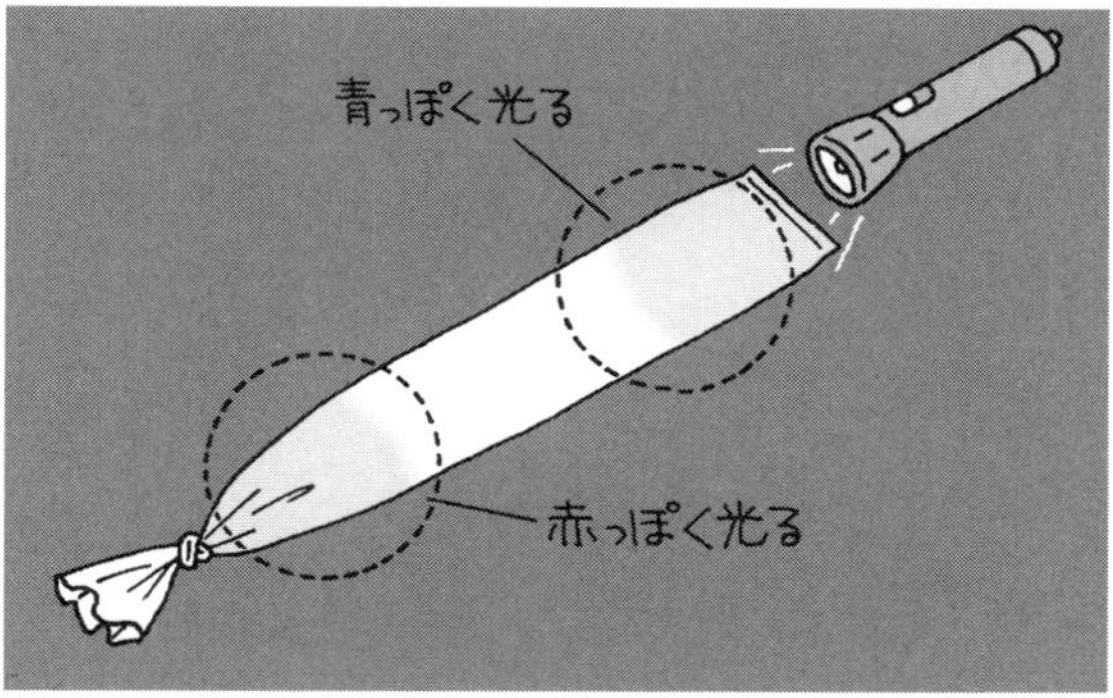

よく見ると、袋の懐中電灯に近いほうは青く、遠いほうは赤く見えます。

なぜなの？

これは青空と夕焼けの原理です。懐中電灯の光は、赤や青など複数の光からなっています。光は空気中の微《び》粒《りゆう》子《し》によって反射されますが、波長の長い赤い光は反射されにくく、波長の短い青い光は反射されやすくなっています。このため、懐中電灯に近いほうで青い光が反射されて見え、赤い光は反射されずに袋のもう一方の端までとどくのです。微粒子の役目をするのが牛乳です。

応用

家の電球に袋を縦にかざしてもできますが、その場合、丸くくりぬいた新聞紙などで電球をおおい光をしぼってください。

9

宙に浮くコルクとフォーク

小指のつめの先で支えているのは、明らかに物体の端っこなのに、まるで宙《ちゅう》に浮いているかのように、下に落ちません。

①

ワインボトルなどのコルク栓の、どちらかの端に近いほうの側面に、図のようにフォークを刺します。

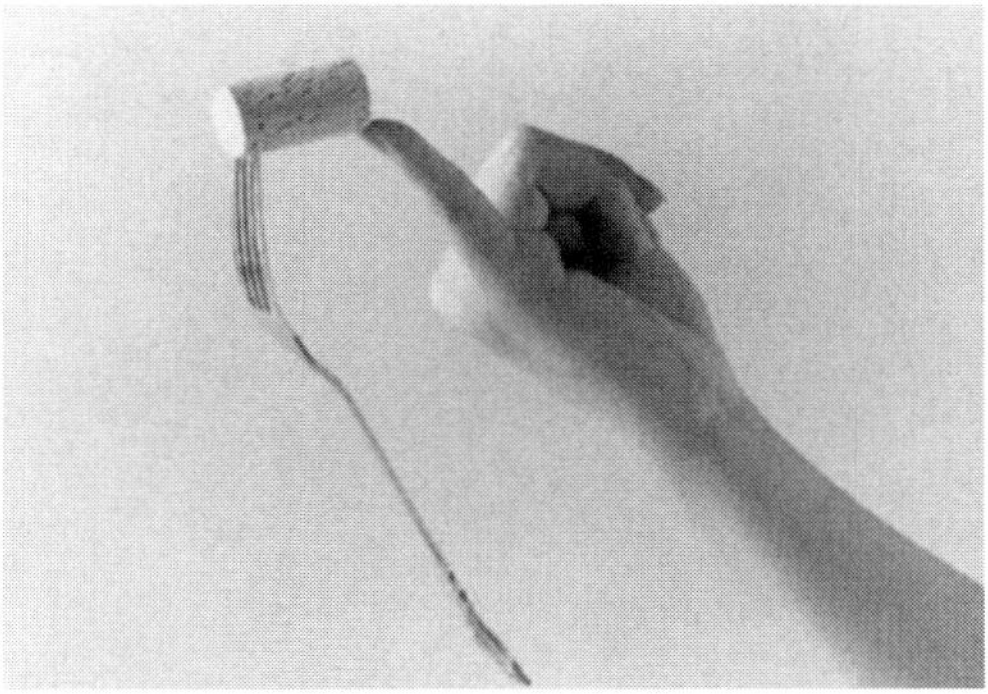

②

コルクの反対側の端を、小指のつめの先に乗せると、まるで宙に浮くかのように、そこで釣り合います。

なぜなの？

コルクとフォークの全体の重心は、コルクの端を支える小指のつめの先から垂直に下ろした線上にあります。つまり、コルクとフォークの全体は、ヤジロベーとなっていて下に落ちないのです。

10 コルクとフォークでヤジロベー

コルクと二本のフォークの全体が、完全にコップの外に出ているのに、落ちないでいます。

①

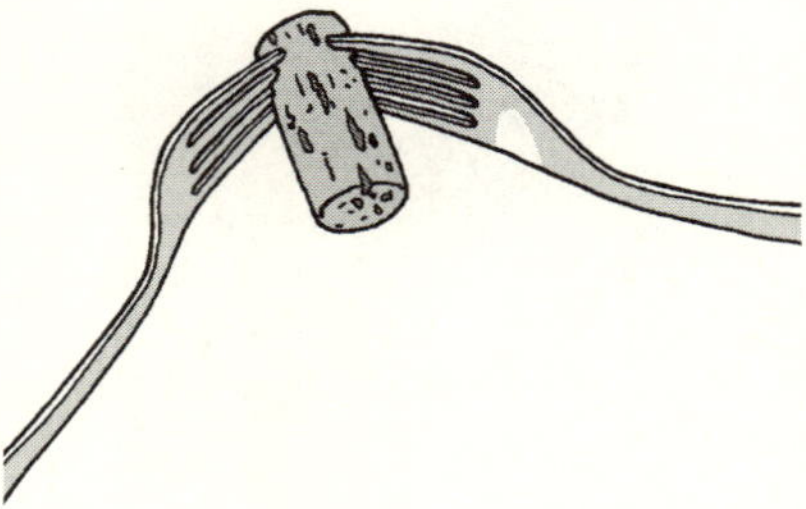

ワインボトルなどのコルク栓の、一方の端に近い側面に、フォークを２本、左右対称に刺します。

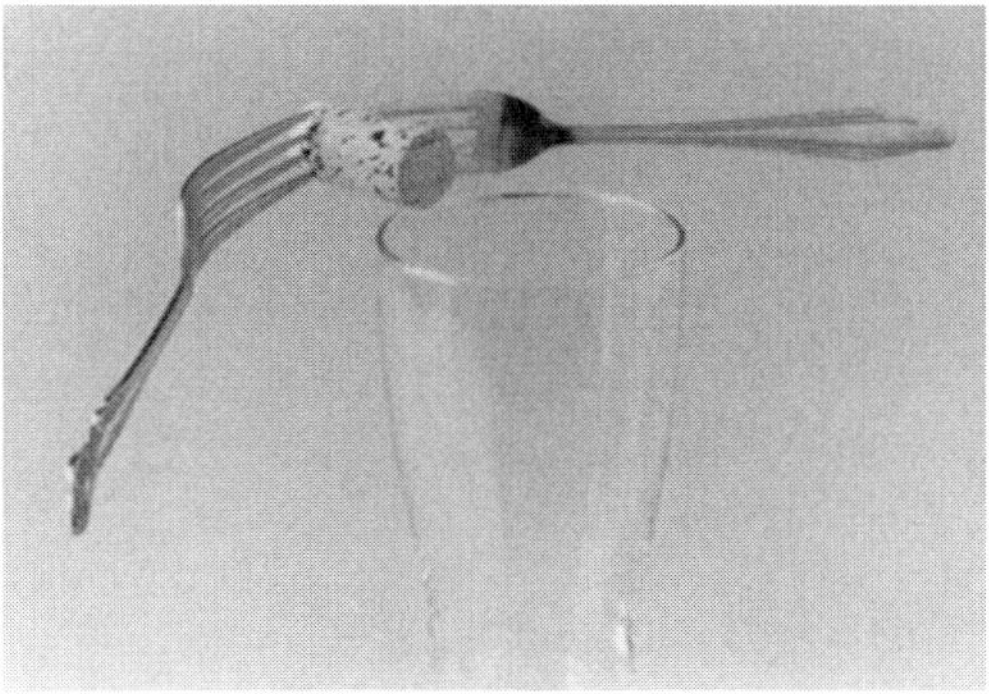

②

もう一方の端をコップのふちに乗せ、そこを支点としてヤジロベーがうまく釣り合うように、2本のフォークを動かして調節します。

なぜなの?

　コルクと2本のフォークのヤジロベー全体の重心は、ヤジロベーの支点（コルクがコップに乗っている点）から垂直に下ろした線上にあります。ヤジロベーがどちらかに傾くと、重心はその線上からずれますが、それと同時に元にもどろうとする力が働き、また元の線上に重心がきて安定するのです。

11

フォーク二本と十円玉のヤジロベー

フォーク二本と十円玉の全体が、コップの外に出ているのに落ちないでいます。

①

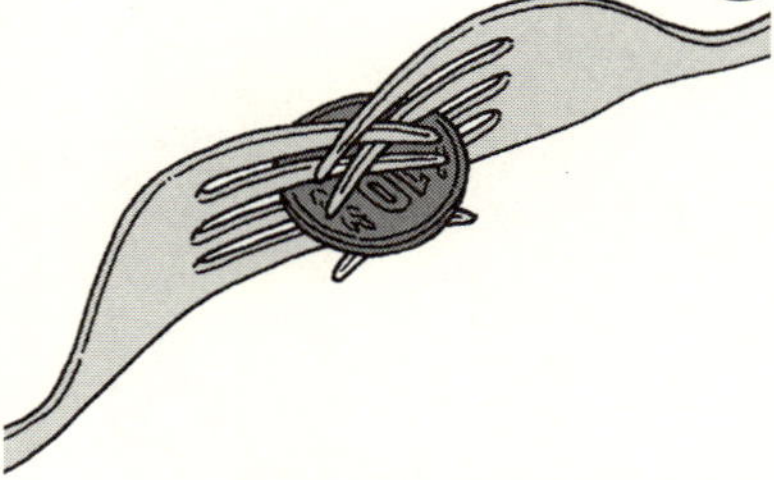

フォークの４つの刃の真ん中に十円玉を刺して、２本のフォークを十円玉に固定し、十円玉に支点を持つヤジロベーをつくります。

②

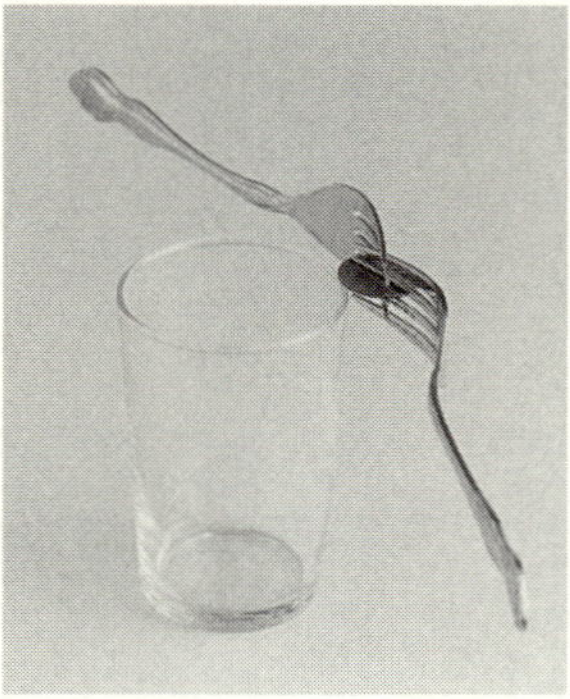

十円玉の端をコップのふちに乗せ、そこを支点としてヤジロベーがうまくつり合うように、２本のフォークを動かして調節します。

なぜなの?

フォーク2本と十円玉のヤジロベー全体の重心の位置は、ヤジロベーの支点から垂直におろした線上にあります。ヤジロベーがかたむいて、重心がこの線上からずれても、やがて支点の真下に重心がくるように動きます。

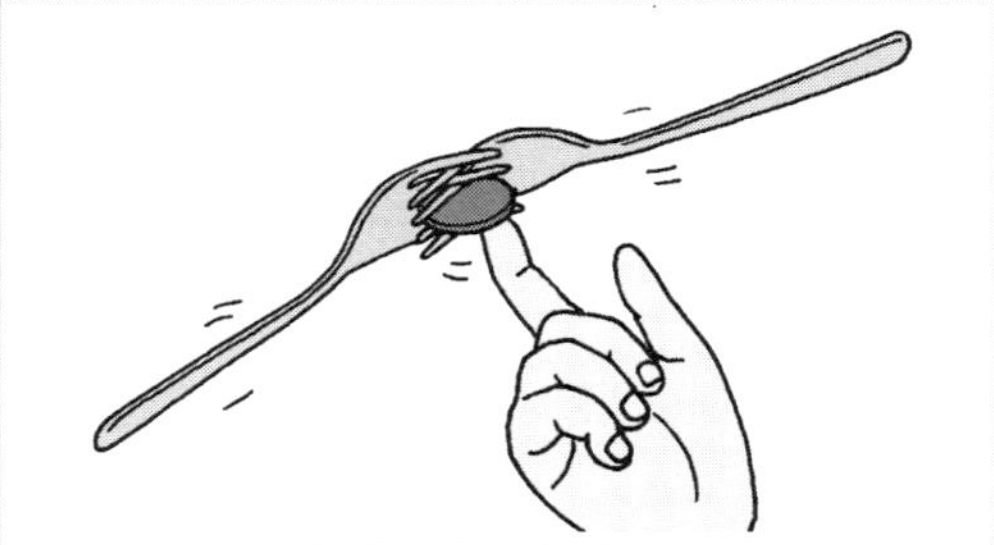

応用

コップに水を入れ、ヤジロベーをコップのふちに乗せた状態で水を飲んで見せるのも、手品としては効果的です。

12

卵がコップのふちに乗る

すべすべの卵が、なんとコップのふちに乗ってしまいます。ただし、当然ですが卵は落ちたら割れますので、万全のそなえをしておいてください。

①

コルク栓の一方の端に、卵の曲線にフィットさせるためのくぼみを、カッターで削って作ります。

②

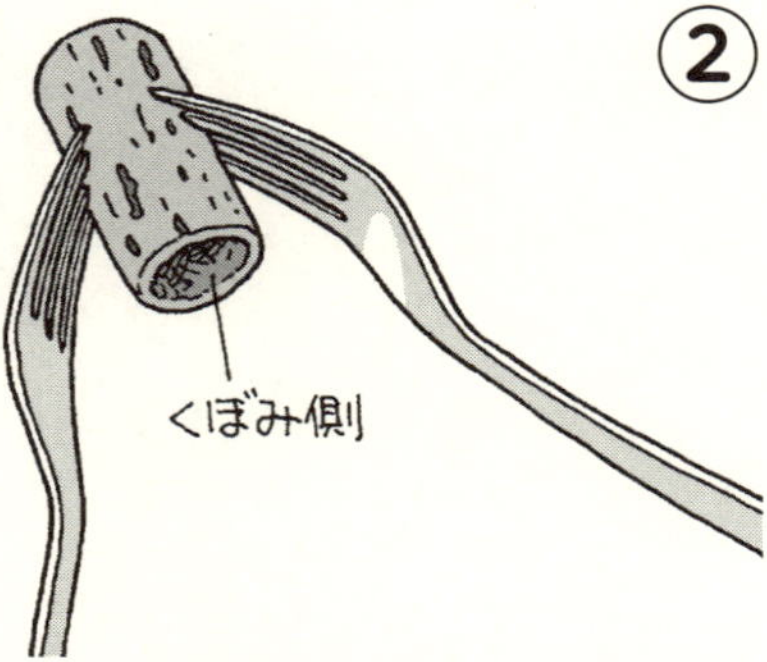

コルク栓のくぼみを作ったほうを下にして、側面の真ん中あたりに、できるだけ大きなフォークを左右対称に刺します。（フォークは自重でたれ下がりますが、それでかまいません）

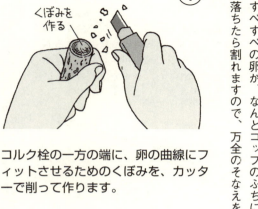

③

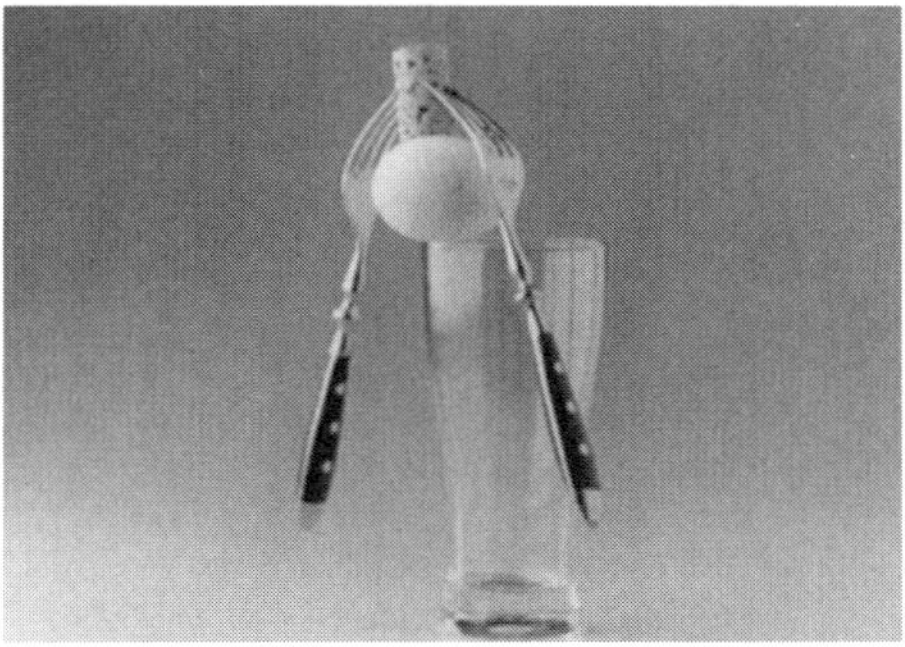

卵を横にしてコルク栓を立て、コップのふちに乗せます。卵とコルク栓の位置を調節すれば、卵はコップのふちに乗ります。

なぜなの?

これは、卵とコルクとフォーク2本が一体となったヤジロベーです。全体の重心は、ヤジロベーの支点（卵がコップに乗っている点）から垂直に下ろした線上にあります。そのため、項目10の「コルクとフォークでヤジロベー」と同じ原理で安定するわけです。

応用

うまくやると、卵をコップのふちに立てることもできます。しかも、細いほうを下にしても立ちます。

コラム 1

天才科学者の子ども時代

ファインマン

実験の大切さを説いた父親

量子力学の発展に多大な貢献をした、アメリカの著名な物理学者ファインマン（一九一八～一九八八年）は、少年のころ、台車の上に球を乗せ、ひもで引っぱって遊んでいました。ところが、彼には不思議に思うことがありました。台車を引っぱるとき、球は、前方に進まないで、後ろに転がるのです。逆に、走っている台車を停止させると、台車の上の球は、急に前方に走りだすのです。

こうした不思議な現象の理由を、ファインマン少年は父親にたずねました。すると父親は、現代風にするなら、つぎのような実験を、ファインマン少年にやってみるようにいいました。

まず、床《ゆか》の上に、一センチの間隔でストローを一メートルほどの距離に並べ、その上に牛乳パックを半分に割ったものを置き、パックの先端にたこ糸をつけます。パックの上にビー

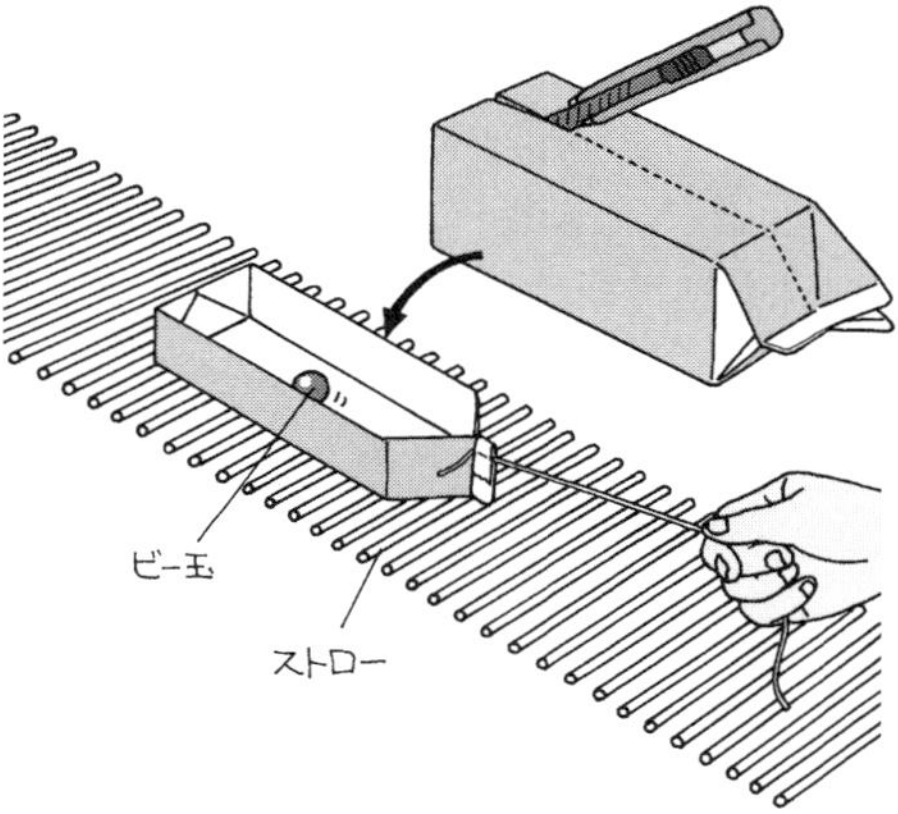

玉を乗せ、パックのひもを引いて走らせたり、走っているパックを急に止めたりします。

さて、ビー玉はどんな動きをするでしょうか。

ファインマン少年はこうした実験をいろいろおこない、父親にその現象の原理の説明を求めました。父親はいっしょになって考え、くわえて、ビー玉と台車の運動の相対性《そうたいせい》や慣性《かんせい》についても考えるようにすすめました。

そうした考えを深めることによって、彼は二つのことを学びました。

一つは、ものは見方を変えれば、動いているようにも、止まっているようにも見えること。もう一つは、動いているものはずっと動きつづけようとし、止まっているものは力を入れて押さないと動かない、ということです。つまり、「運動の相対性」と「慣性」について、彼なりに洞察《どうさつ》することができたのです。

こうした教育のおかげで、彼は科学のあらゆる分野に津々《しんしん》たる興味を持ちつづけることになったのです。

さて、みなさんのお子さんは、台車の上に置かれたビー玉の不思議な挙動に興味を示すでしょうか？　台車でなくても、おもちゃのトラックなど、身近にあるものを使って、お子さんに見せてあげてください。才能の片鱗《へんりん》が見られるかもしれませんよ。

第2章 お金で科学手品

13

千円札の上の十円玉

垂直に立った千円札の上に、なんと十円玉が乗っていて、落ちません。
紙一枚の薄さの上に、なぜ十円玉が乗るのでしょう?

①

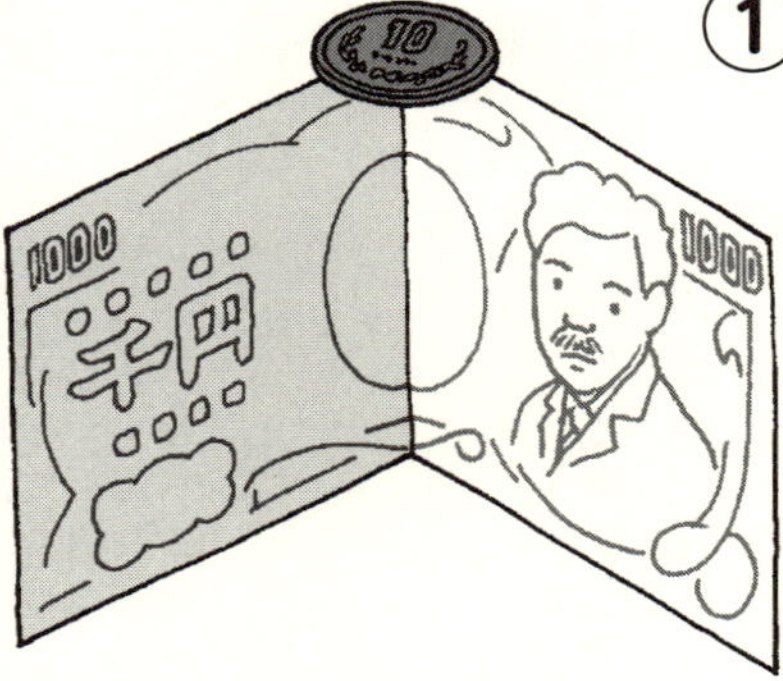

千円札を中心から２つに折り、その角度をほぼ直角に保ちます。これをテーブルの上に立て、直角になったところに十円玉を乗せます。

②

千円札の両端を持ち、静かに両方に引っぱります。

③

千円札を引っぱっているとき、十円玉は少し動きますが、千円札が完全に直線になっても十円玉は落ちません。

なぜなの?

千円札が引っぱられて直線に近づくにつれ、上に乗った十円玉もゆっくりと動きます。

このとき、千円札と十円玉のあいだの摩擦《まさつ》により、十円玉の重心の移動が常につり合いを保っておこなわれるので、千円札が一直線になったときに、十円玉の重心はうまい具合にその一直線上に乗っていることになるのです。

できるだけ新しい千円札を使い、十円玉を乗せて引っぱるときは、できるだけゆっくりと静かに引けば必ずうまくいきます。

14 絶対に取れない一万円札

落ちるのは見えるのに、九九パーセント、落ちていく一万円札を指でつかまえることはできません。

①

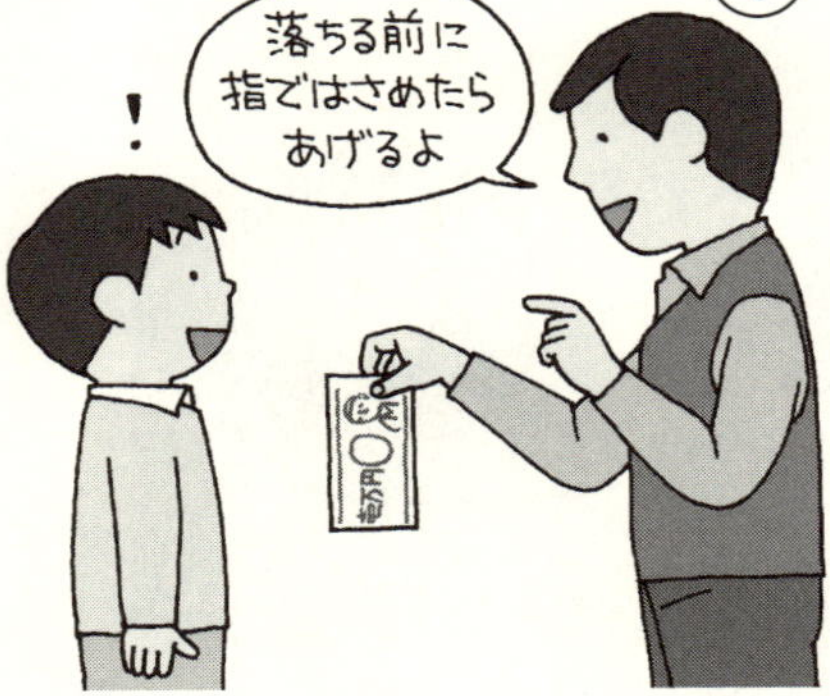

一万円札を手に持ちます。その真ん中あたりで、子どもに人差し指と中指の２本の指を開いて待ち受けさせます。

②

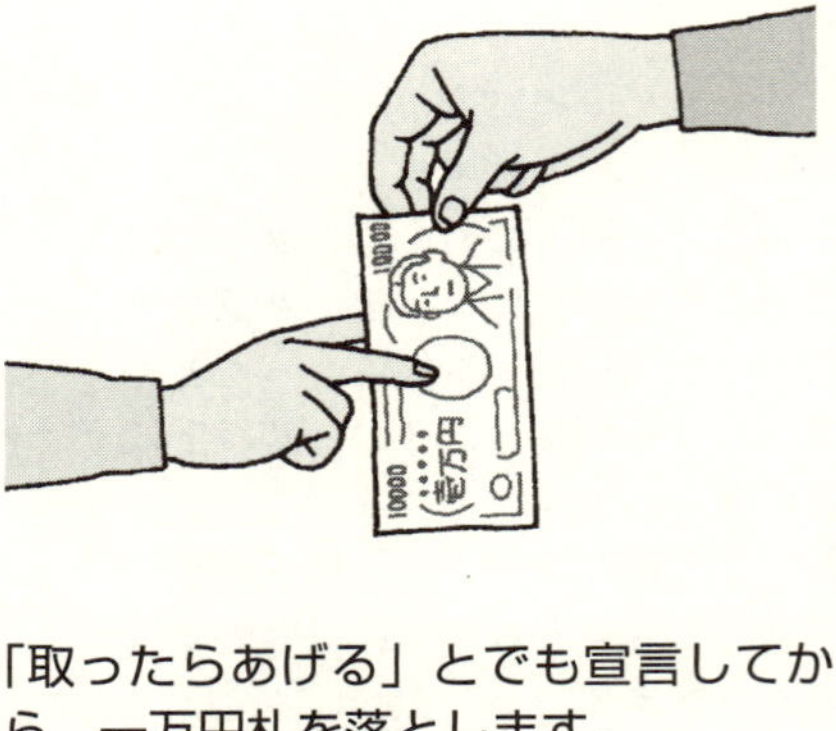

「取ったらあげる」とでも宣言してから、一万円札を落とします。

③

ヤマを張らない限り、絶対に一万円札を指でつかむことはできません。

なぜなの？

目で見て、脳で判断し、指でつかむという命令をくだすまでの時間を、反応時間といいます。人の反応時間は、平均0.2秒です。0.2秒のあいだに自由落下する物体の落下する距離は約20センチです。だから、この状態で長さ16センチの一万円札を落とし、それを見て指でつかもうとしたときは、すでに一万円札の端は12センチ下にあります。それで、絶対に一万円札をつかむことはできないわけです。

幼児やお年寄りに交通事故が多いのも、危険を知ってから、次に逃げようとするまでの反応時間が長いためです。

15 一円玉を通り抜けるビー玉

一円玉でふたをしたびんの上からビー玉を落とすと、ビー玉は一円玉を通り抜けて底に落ちます。

①

手持ちのビー玉（パチンコ玉でもよい）が口を通るガラスびんを用意し、びんの口に一円玉でふたをします。

②

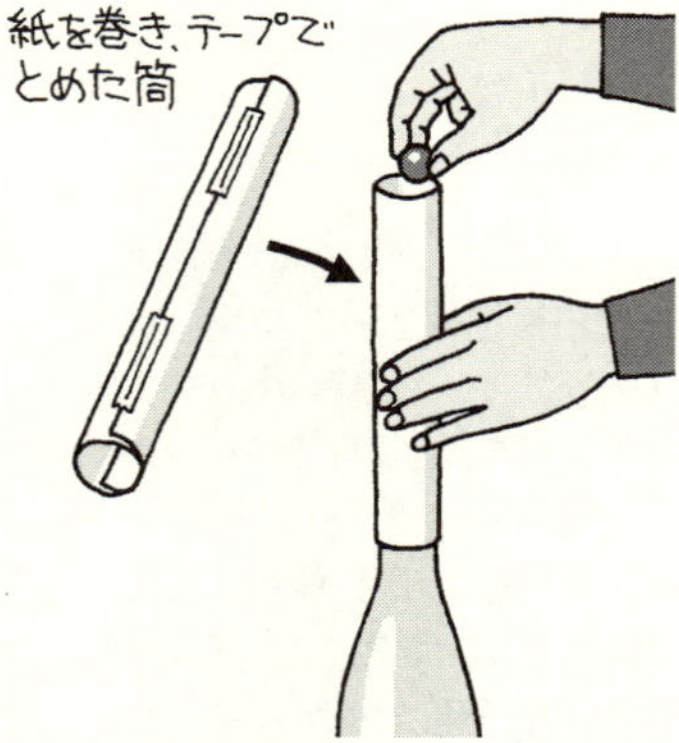

A4くらいのチラシを１枚、縦に巻き、セロハンテープでとめて筒《つつ》をつくります。これをびんの上にかぶせ、いちばん上からビー玉を落とします。

③

一円玉のふたがあるにもかかわらず、ビー玉はびんの口をするりと抜けて下に落ちます。

なぜなの？

ビー玉が一円玉に衝突すると、一円玉はビー玉にくらべて軽いため、硬いガラスびんとの衝突でビー玉より高くはね上がります。そのとき、ビー玉はするりとすり抜けて、びんの中に落ち、一円玉はまた元の位置に落ちてふたをします。この手品は、筒が長いほうがうまくいきます。

なお、ペットボトルでは、ビー玉が一円玉にあたったときの衝撃が弱すぎて、うまくいきません。

16

上を切ろうか下を切ろうか五円玉

五枚重ねた五円玉の上と下に細い糸をつけて持ち、上か、下か、子どもが指定するほうの糸だけを切ります。

①

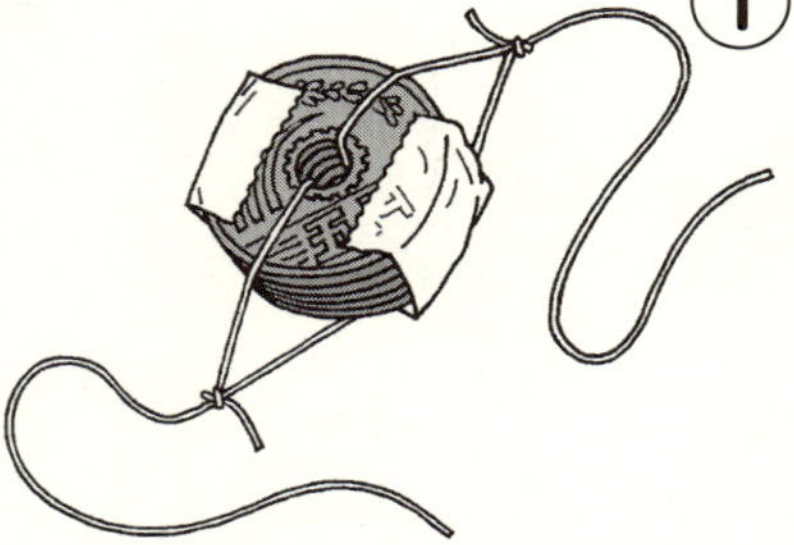

五円玉を５枚重ね、セロハンテープで固定します。上と下に細い糸を結びつけます。

②

五円玉を真ん中にして上下の糸を左右の手で持ち、上と下、どちらの糸を切ってほしいかを子どもに指定させます。

③

上と指定されたら下の糸をゆっくりと引き、下と指定されたら下の糸を急激に強く引けば、指定どおりに糸が切れます。

なぜなの?

どちらの糸が切れるかは、一見、偶然に左右されるような気がします。しかし、糸への力のくわえ方により、上でも下でも自在に切ることができます。

上の糸を切りたいときは、その糸に大きな力をかけるため、下の糸をゆっくり引きます。すると、下の糸を引く力と五円玉の重さが上の糸にかかるため、上の糸が切れます。

下の糸を切りたいときは、その糸にできるだけ大きな力をかけるため、急激に引くのです。五円玉のもつ慣性により、その引く力は上の糸にはおよばず、下の糸だけに大きな力がかかり、下の糸が切れます。

17 十円玉が落ちない

まるで金縛《かなしば》りにでもあったように、
指が動かなくなってしまいます。

①

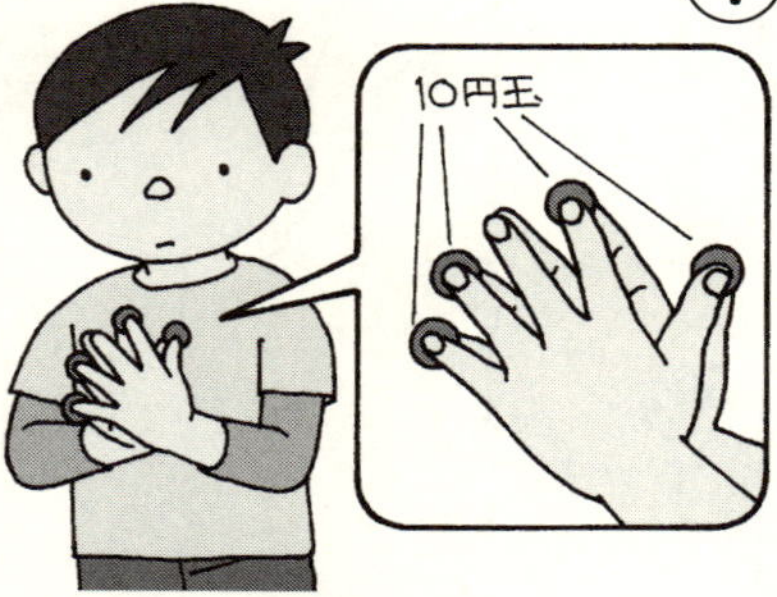

子どもに両手を合わせさせ、中指をのぞく他の４本の指のあいだに十円玉をはさみます。

②

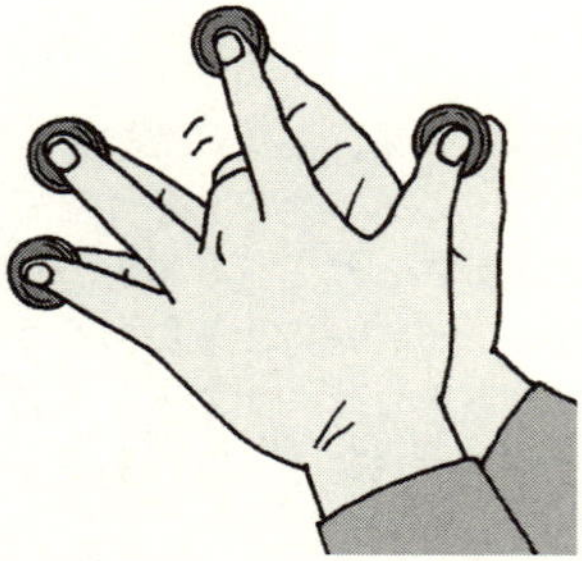

４本の指のあいだの十円玉を落とさないように、両手の中指を内側に深く折り曲げ、第二関節どうしが離れないようにきっちりくっつけます。

③

この状態で、親指、小指、人差し指、薬指の順に、指先を離すようにして十円玉を落とさせます。しかし、薬指の十円玉だけは絶対に落とせません。

なぜなの？

骨と骨をつなぐ組織である靭帯《じんたい》や筋肉が、薬指と中指は特に強く連携しています。そのため、中指が下向きで固定されると、薬指も動きがとれなくなり、十円玉を放すことができないのです。

18

十円玉がぴっかぴか

黒ずんだ十円玉がぴっかぴかになります。手持ちの十円玉が全部ぴっかぴかだったら、これもまたウケるかもしれません。

①

お皿にソースを入れて、十円玉をひたします。

②

少しひたしてから取り出し、ティッシュでこすると、ぴっかぴかになります。

なぜなの?

十円玉が黒ずんでいるのは、空気中の酸素と十円玉の銅が反応して酸化銅ができて、表面を覆うからです。ソースには酢酸やアミノ酸がふくまれていますが、黒ずみの原因である酸化銅は酢酸に溶けやすく、また、アミノ酸とは錯《さく》イオンを作って水に溶けます。それで、十円玉はぴっかぴかになるのです。

応用

ソースの代わりに、お酢やタバスコなどでも同じことができます。その中にはやはり酢酸やアミノ酸がふくまれているからです。

19

一円玉の衝突

一円玉が数個並んだ列に、一個の一円玉をぶつけると、あいだの一円玉はまったく動かず、端の一個だけが飛び出します。

①

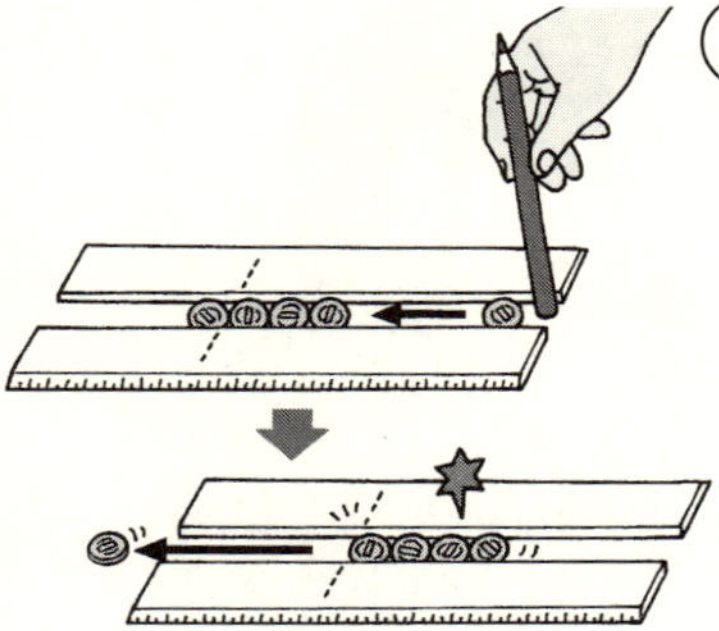

一円玉の幅に、定《じょう》規《ぎ》２本を平行に置きます。一円玉を４個並べたところに、鉛筆で１個をはじいてあてると、先端の１個だけが飛び出します。

②

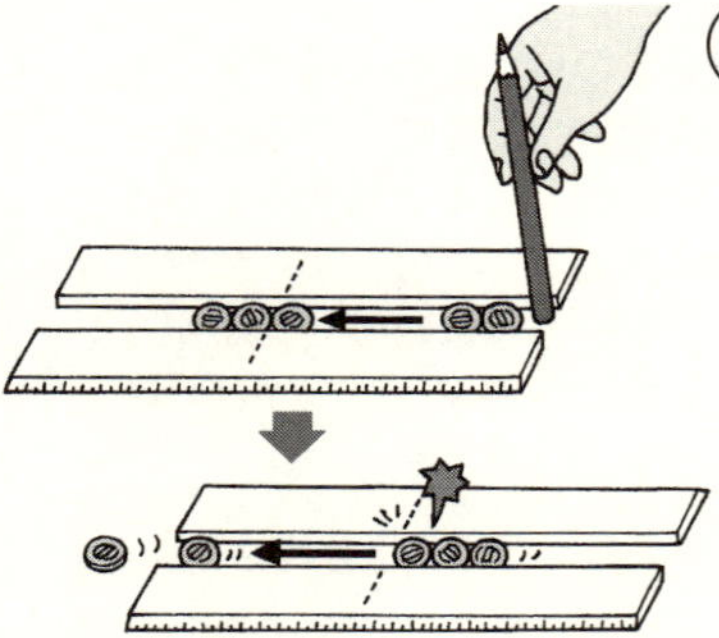

今度は、一円玉を３個並べたところに、２個の一円玉をいっしょにぶつけます。すると、２個の一円玉が飛び出します。

③

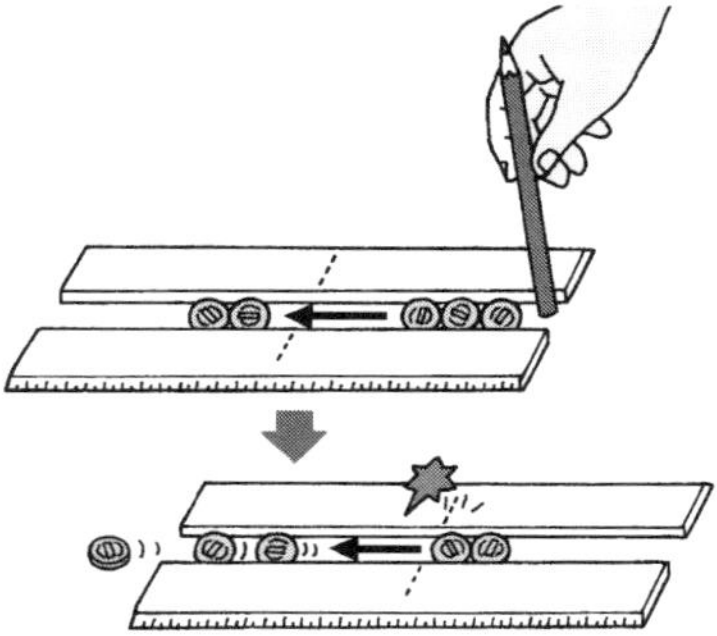

それでは、一円玉が2個並んでいるところに、3個の一円玉をいっしょにぶつけたら？　ぶつけた一円玉のうちの1個もふくめた3個が飛び出します。

なぜなの？

これは、「運動量保存の法則」によるものです。この法則は、衝突の前後で、運動量は保存されなければならないというもので、そのため、ぶつけた一円玉の数だけ、一円玉が飛び出すのです。

なお、たとえば①で、1個をぶつけたとき、4個がだんご状態で飛び出してもよいような気がします。これがおきないのは、並べられた一円玉は、わずかながらお互いが離れているからです。そのため、順に運動量が先送りされ、最後の一円玉だけ飛び出すのです。

20

一円玉を吹いて茶碗に入れる

テーブルの上の一円玉の上を、強く吹くと、上を吹いているにもかかわらず、一円玉は舞い上がり、茶碗の中に飛んで入ります。

①

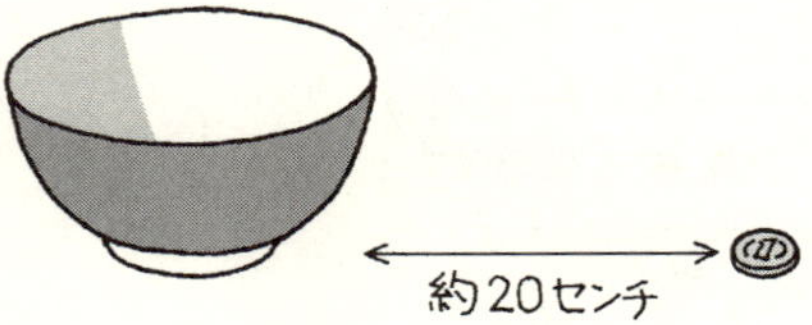

テーブルの上に、浅めの茶碗や湯飲みを置き、20センチくらい離して一円玉を置きます。

②

茶碗に向かって、一円玉の上を強く吹きます。

③

上を吹いたにもかかわらず一円玉は舞い上がり、茶碗の中に飛んで入ります。

なぜなの？

　これは「ベルヌーイの定理」によるものです。一円玉の上部は息によって空気の流れが速くなっているため、圧力が下がります。このため、一円玉は下からの揚力によって、持ち上げられることになります（もし、一円玉が濡れていたら、テーブルと密着して下からの揚力がかからず、持ち上がりません）。そのあとは、吹き出された風に乗って、茶碗の中まで、飛ばされるわけです。

応用

　息の吹き加減を練習すれば、カクテルグラスからカクテルグラスへ、あるいは茶碗から茶碗へ、この要領で一円玉を移動させることもできます。

※この手品で登場する「ベルヌーイの定理」のくわしい解説を本書192ページより収録しています。あわせてご覧ください。

21 一万円札が磁石で大回転

紙の表裏に印刷がされているだけの一万円札。なのに、磁《じ》石《しゃく》を近づけるとクルクル回ります。

①

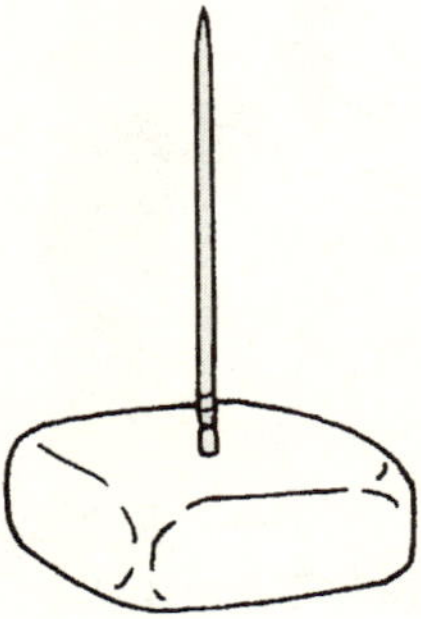

ようじの根元を消しゴムに刺して、
台をつくります。

②

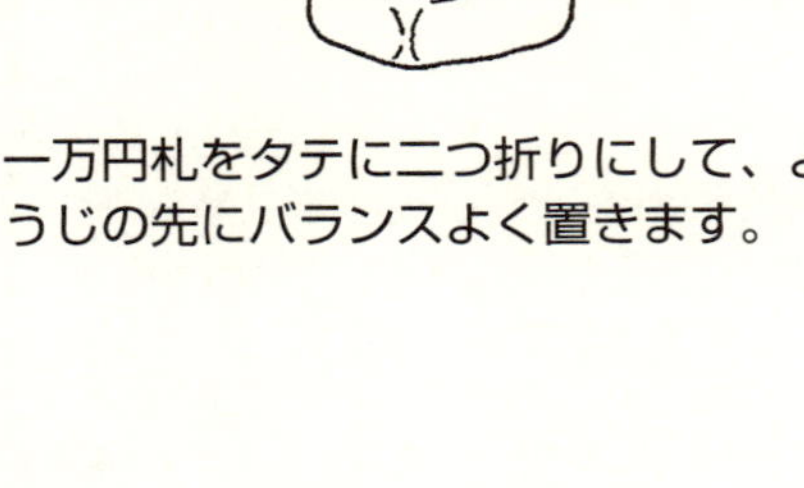

一万円札をタテに二つ折りにして、よ
うじの先にバランスよく置きます。

③

冷蔵庫のメモ貼《ば》り用磁石（フェライト磁石）を、一万円札に近づけて動かすと、お札がクルクル回ります。

なぜなの?

一万円札を印刷するときのインクの中には、わずかですが鉄分がふくまれているものと思われます（成分は公表されていない）。これが磁石に引きつけられ、ようじの上でクルクル回るのです。

コラム 2

天才科学者の子ども時代
アインシュタイン

病床のアインシュタイン少年にコンパス（方位《ほうい》磁《じ》針《しん》）をあたえた父親

相対性理論を生んだ物理学者アインシュタイン（一八七九～一九五五年）は、五歳にして科学者としての第一歩を踏み出したといわれています。

あるとき病床にあったアインシュタイン少年は、父親から、コンパスをあたえられました。そのとき少年は、コンパスをどう回しても針は常に北を指すという事実に、興奮を抑えきれませんでした。目にも見えず、手でも触れられない力が、遠方から作用していることを、はじめて認識した瞬間でした。

彼は後年こう述べています。

「この経験が私にあたえた強い印象は、後々まで尾を引いた。ものごとの背後には、深くかくされた何かがあるに違いないと思った」

方位磁針は簡単にできます。つくり方は以下の通りです。

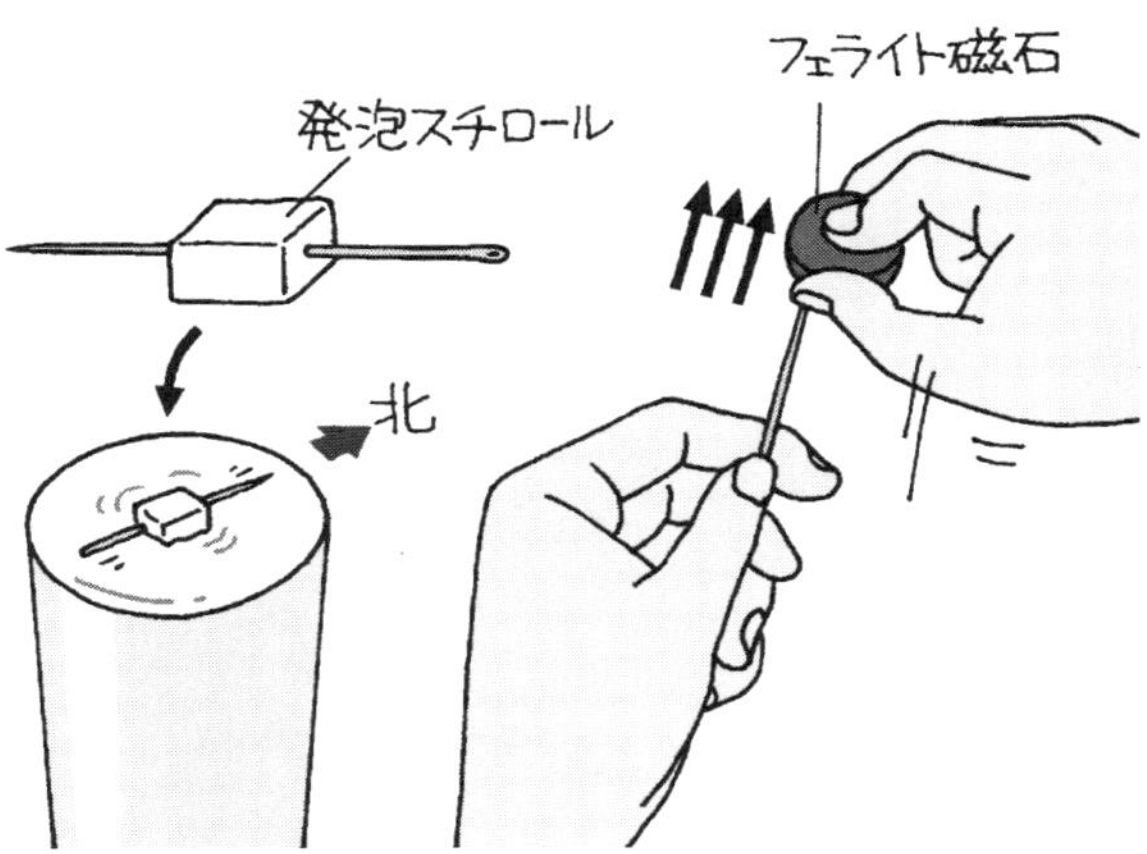

冷蔵庫のとびらに貼《は》ってあるメモ保存用のフェライト磁《じ》石《しゃく》を手に持ち、ママから借りた針に磁石をあてて、同じ方向に数回こすります。この磁化された針を、発泡《はっぽう》スチロールの小片に刺し、水を満たしたコップに浮かべます。針は動いて北を向くでしょう。

針は鋼鉄でできているので、磁化すると永久磁石となり、南北に向くようになるのです。たとえばフェライト磁石のS極（メモ保存用磁石は、表と裏のどちらかがS極、どちらかがN極になっています）で、針のとがった先端の上を一方向にこすると、針のとがったほうがN極、針穴のほうがS極の磁石となります。それは針の中の分子磁石が動いてN極の方向がそろうからです。

さて、みなさんのお子さんは、はたしてアインシュタインのような興奮を覚えるでしょうか。

第3章 体を使って科学手品

22

指一本で立てない

いすに座った子どものおでこに指を一本あてるだけで、子どもは立てません。

①

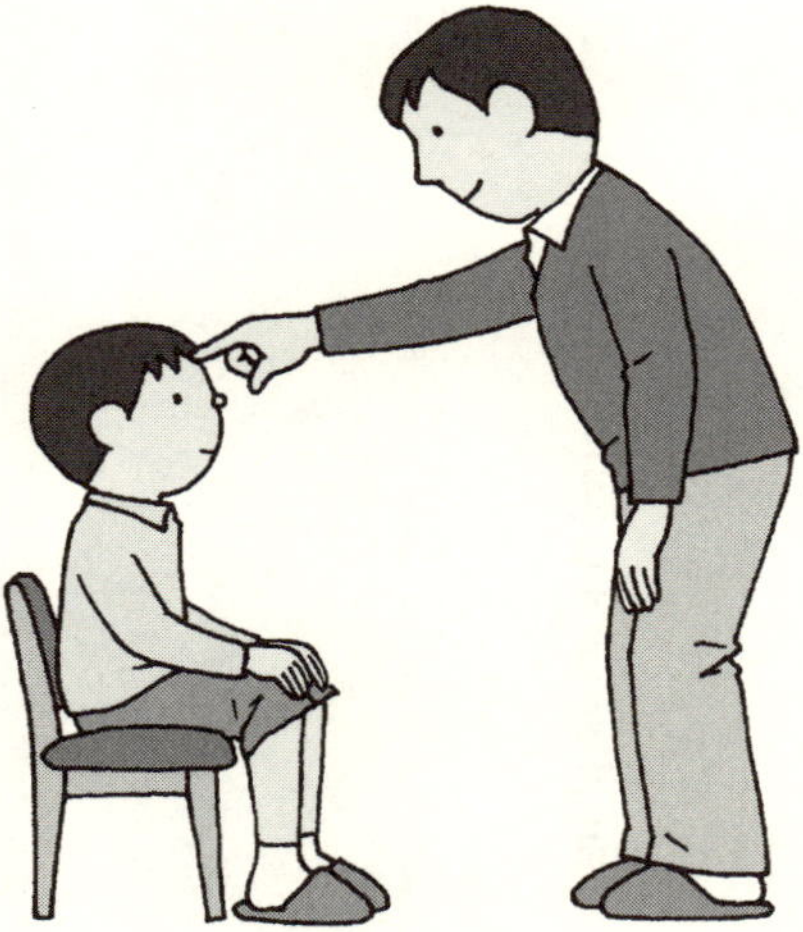

子どもをいすに座らせ、子どものおでこに人差し指を１本あてます。

②

いすから立ち上がらせます。
しかし、子どもは立てません。

なぜなの?

いすから立ち上がるには、まず、上半身を前に倒し、体の重心を前に移す必要があります。それから、足で床を押して体を上に持ち上げるわけです。しかし、指で頭を押されると、どんなにがんばっても上半身を前に倒すことができません。そのため、立ち上がれないのです。

23

うでが縮む

両うでを前に出して、片方のうでだけ激しく屈伸運動《くつしんうんどう》すると、そのうでが二～三センチ縮みます。

①

子どもに両うでを前に出させます。
うでの長さはもちろん同じはずです。

②

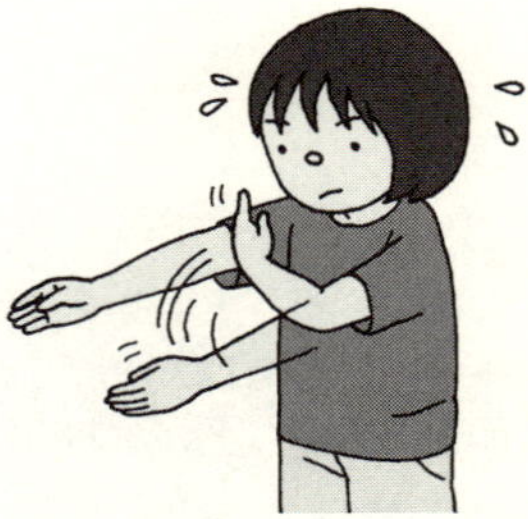

片方のうでだけ、30回くらい水平面上で激しく屈伸運動させます。

③

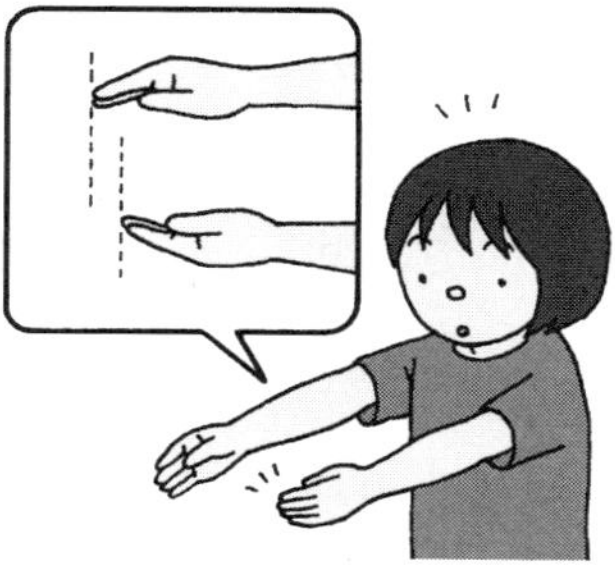

両うでを前に出してくらべさせると、屈伸運動をしたほうのうでが、2〜3センチ短くなっています。

なぜなの?

人間の骨の関節部にはもともと多少のゆるみがあって、それを筋肉や靱帯《じんたい》がしっかり支えています。うでを激しく屈伸運動させることは、それらを激しく収縮させることにほかなりませんが、縮んだ筋肉や靱帯は、屈伸運動をやめたあとも、しばらくは縮んだ状態にあります。このため、関節のゆるみの部分が引きしめられ、一時的にうでが縮んだ状態になるのです。うでの縮みは時間がたてばもとに戻りますので心配はいりません。

24 背骨が伸びる!?

前屈《ぜんくつ》して、まったく床《ゆか》に手がつかない体の硬い子どもでも、息をはきながらやると、どんどん体が伸びて床に手がつきます。

①

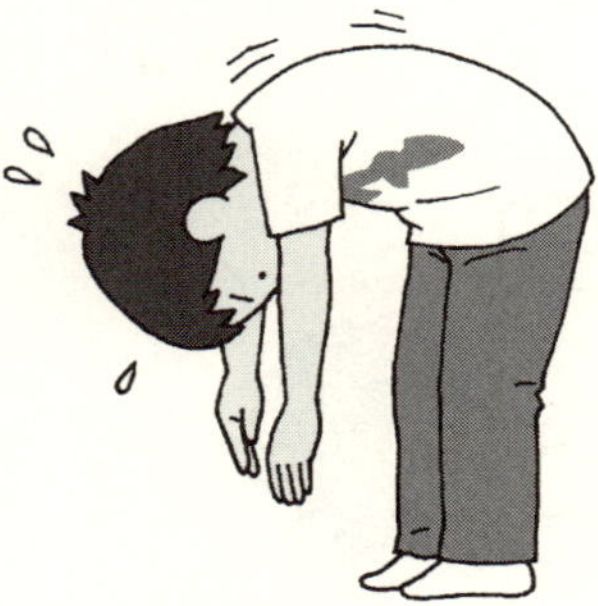

両足をそろえ、ひざを伸ばした状態で、子どもに前屈をさせ、両手と頭を床に向けさせます。

②

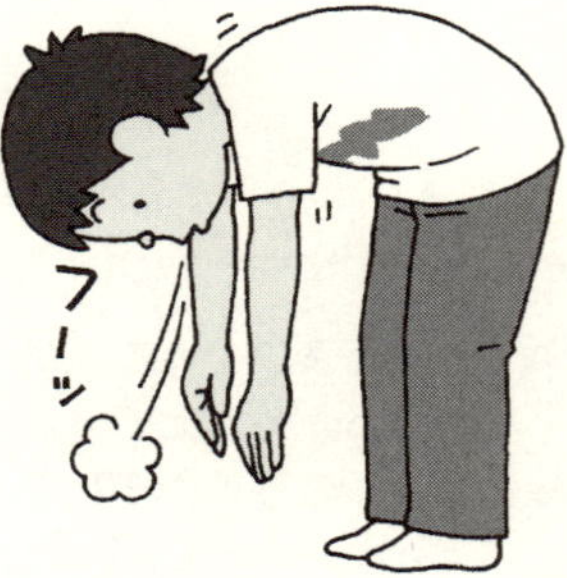

簡単に床に手がついてしまったら、この手品はあきらめましょう。床から20センチも距離があったらしめたものです。1回、2回、3回と、子どもに大きく息をはかせます。

③

不思議なことに、息をはくたびに、子どもの手は床に近づいていき、最後には床についてしまいます。

なぜなの？

体を支えている筋肉や靭帯《じんたい》をゆるませるために、息をはきます。すると、前屈がしやすくなり、やがて、下にたらした手が床につくのです。

25 左足が上がらない

どうしても左足が上がらないもどかしさに、「え～っ、なんでなの～?」と子どもは叫び出すことでしょう。

①

子どもに、右足を壁に平行に密着させて、直立不動の姿勢をとらせます。

②

この姿勢で、左足を上げるように子どもにいいます。しかし、絶対に左足を上げることはできません。

なぜなの?

左足を上げるには、体の重心を右に移動させなければなりません。しかし、この状態では、右側に壁があって、重心を右側に移動させることは不可能です。そのため、絶対に左足を上げることはできないのです。

もし、無理に左足を上げるなら、それまで左足にかかっていた力が、今度は体を左側方向に上から下へ回転させようとする力として作用し、体はすぐに左のほうに倒れてしまいます。

26

つま先立ちができない

つま先立ちなんて普段はなんでもないことなのに、
前に壁があるだけで、できなくなってしまいます。

①

子どもを壁に向かわせ、両足のつま先を壁にピタリとつけて立たせます。

②

この姿勢で、子どもに、つま先立ちをするようにいいます。しかし、絶対につま先立ちはできません。

なぜなの？

この場合、体の重心は壁から少し離れたところにあります。つま先立ちをするためには、体の重心を前に移動させ、ちょうどつま先の真上、つまり、ほとんど壁際に重心がくるようにしなければなりません。しかし、壁があるために、これ以上重心を前に移動させることはできません。それで絶対につま先立ちはできないのです。

27

瞳がちぢんじゃう

それはもう、あっという間のできごとです。自分の体の中に、意識とは関係なくこんなにすばやく反応する部分があることに、子どもは驚くでしょう。

①

子どもに手鏡を持たせ、あるいは、洗面台の鏡に向かわせ、自分の目の中の瞳（いわゆる黒目）を見つめさせておきます。

懐中電灯を、脇からパッと子どもの目に当てます。すると、瞳がキュンとものすごい速さでちぢむのを、子どもは目撃するはずです。

なぜなの？

人間の瞳（瞳孔《どうこう》）は、カメラの絞りと同じ役目を持っています。暗い場所では、大きく開いて光をたくさん入れてものを見ようとし、明るい場所では、光を遮《さえぎ》るために少しだけ開いて、光を少なく入れてものを見ようとします。

これは、目の健康のために大切な役目で、自動的におこなわれます。そして、明暗に対して非常に早く反応するので、懐中電灯をパッと当てると、瞬間的に瞳孔がちぢむのが見えるのです。

28

キャップがはめられない

ゆっくり、ゆっくり、距離を確かめるように動かしても、片目をつぶるとボールペンにキャップがはめられません。

①

子どもに、両手を前にめいっぱい伸ばさせてから、右手にボールペンの本体、左手にキャップを持たせます。

②

その状態で片目をつぶらせ、ボールペンの本体とキャップを合体させるようにいいます。しかし、子どもはまず、できません。

なぜなの？

人問は、物体までの距離を、左右の目の視差《しさ》で測っています。つまり、右目—物体—左目のなす角度を使って、「三角測量」をしているようなものなのです。そのため、片目だけでは、物体までの距離感がほとんどつかめません。それで、子どもはボールペンのキャップをはめられないのです。

遠くの物体を見るときは、この視差が小さくなります。そのため、かなり遠くから二人の人が別々に歩いてくるときなど、どちらが近くにいて、どちらが遠くにいるのか、なかなか判断できない場合があります。

29

反対の指が上がっちゃう

ちょっとした細工《さいく》をするだけで、左右の判断がメチャメチャになってしまいます。

①

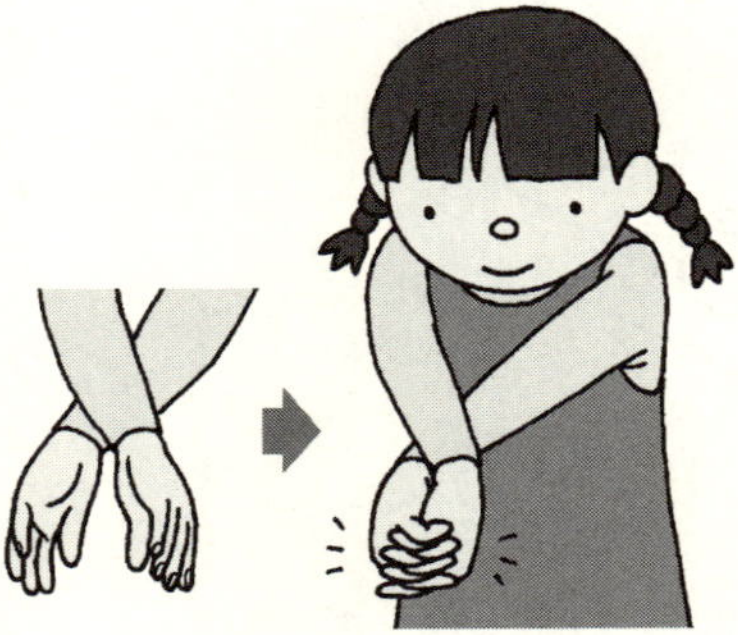

図のように、子どもに、両手を逆に組ませます。

②

その状態から内側に１回転して、顔の前に、組んだ手を持ってこさせます。

③

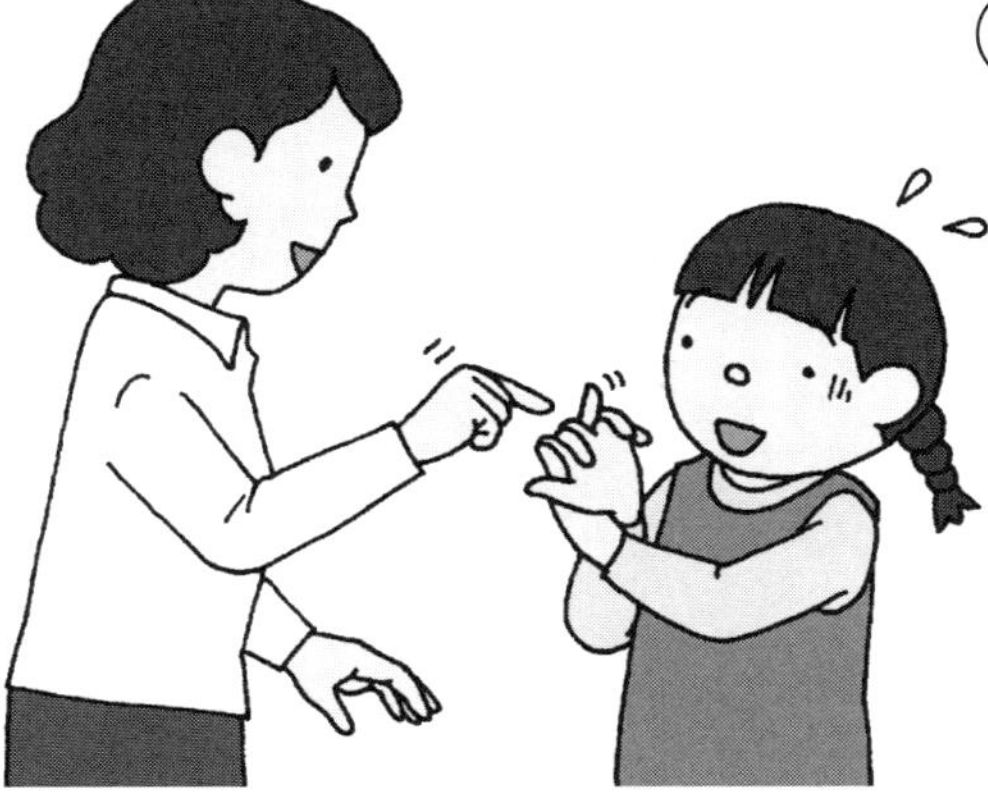

「今からさす指をすぐに上げて！」といって、適当な指をさします。ほとんどの子どもは、指示した指と反対側の手の指を上げてしまうはずです。

なぜなの？

両手を逆に組んで内側に１回転させ顔の前に持ってきた状態では、まず、左手の指なのか右手の指なのかの判断が逆になりがちです。これは、普通に顔の前で両手を組んだ状態と、指の並びが完全に逆になっているため、瞬時の判断を求められると、左右の認識が反対になってしまうのです。

さらに、中指、薬指あたりをさされると、左右だけでなく、中指か薬指かを間違えてしまうこともあります。

30 右手はたたいて、左手はこする

左右で違う動作をして、
それを切りかえるのは意外に難しいものです。

①

テーブルについた子どもに、右手はこぶしでテーブルをたたき、左手は手のひらでテーブルをこする動作をさせます。

②

「はい、右と左を入れかえて」といって、右手と左手の動作を入れかえさせます。

ほとんどの子どもは、左手をこぶしにして右手をひらくことはできても、両手ともテーブルをたたくか、両手ともこするかしてしまいます。

なぜなの?

左右の手は、いつも同じような動作をすることに慣れています。したがって、一方の手でたたく動作を、もう一方の手でこする動作をしていて、それを逆にせよといわれると、一瞬とまどい、左右ともたたくか、左右ともこするか、同じ動作をしがちです。ただし、この切りかえは、訓練することによって、完全にできるようになります。

コラム3

天才科学者の子ども時代 エジソン

少年エジソンに科学実験の本をあたえた母親

エジソン（一八四七〜一九三一年）の母親は、少年エジソンに、やさしい図入りの、家庭でできる科学実験の本をあたえました。彼はその中の実験をほとんどすべておこない、科学の楽しさを身につけました。

彼の好奇心はおとなになっても尽きることなく、電球のフィラメントをつくるのに、二千数百回も実験をおこない、多くの失敗ののちに、ついに一〇〇〇時間も明るく点灯するエジソン電球を完成させたのです。

そのフィラメントは、なんと、京都石清《いわし》水八幡宮《みずはちまんぐう》が頂上にあることで有名な男山《おとこやま》から切り出された真竹《まだけ》を焼いてつくったものでした。それを記念して、八幡《やわた》市駅前の道は「エジソン通り」と名づけられ、エジソンの胸像が建っています。

エジソンがフィラメントをつくり出した実験は以下のようなものです。

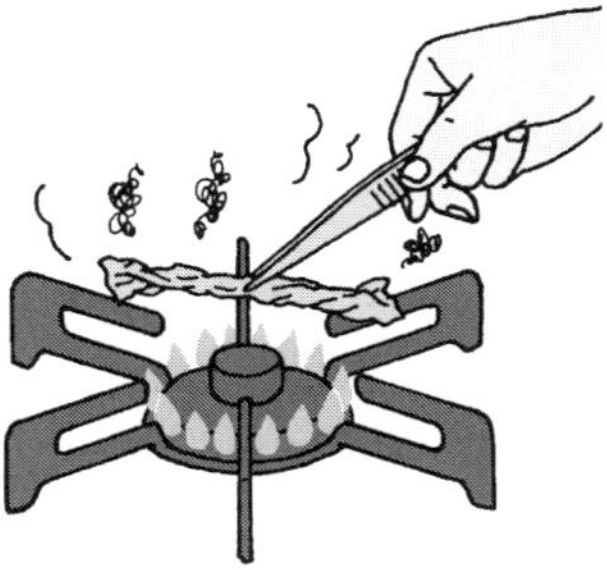

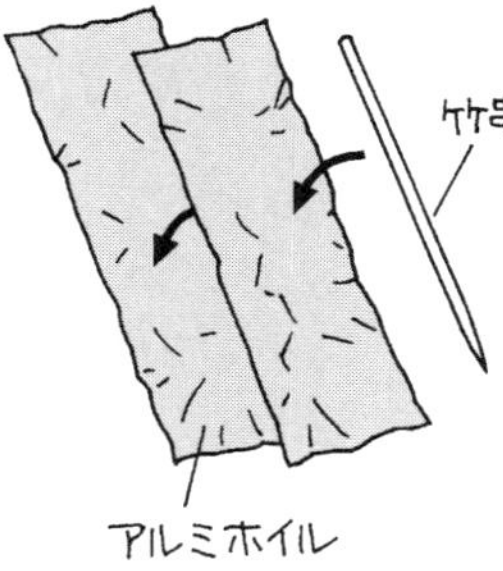

竹串《たけぐし》をアルミホイルで二重に巻いて密閉し、ピンセットで持ち上げて、ガスコンロの強い火で数分間熱します。やがてアルミが溶けだしますので（融点六六〇℃）、いったん火からおろして冷《さ》まし、アルミをはがして中の黒い炭化した竹串を取り出します。それをさらにピンセットではさみ、ガスコンロの強い火で一分ほど熱し、火からおろしたらすぐ水につけます（空気中に放置すると燃え尽きてしまいます）。こうして細くて黒い炭が得られます。

炭には二種類あり、一つは電気を通しにくくて軟らかい黒炭で、もう一つは、電気のよく流れる固い白炭です。備《びん》長炭《ちょうたん》は白炭の代表で、長時間、空気を絶って高温で焼くとできます。

単一電池四個を直列につなぎ、竹串でつくった炭に接続すると、電球の中のフィラメントのように白く輝くでしょう。

第4章 ごはんの前に科学手品

31

おしぼりが離れない

かたく結んだわけでも、接着剤でくっつけたわけでもないのに、二つのおしぼりが離れません。

①

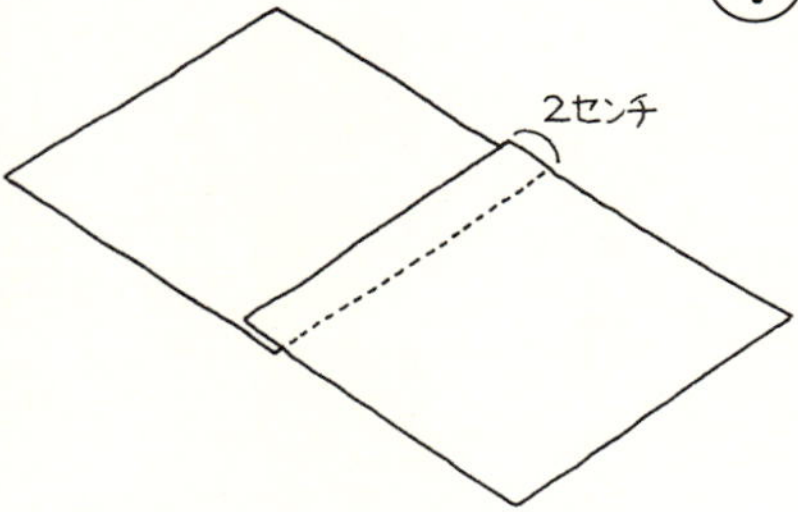

2つのおしぼりをテーブルの上に広げ、端を2センチくらい重ねます。

②

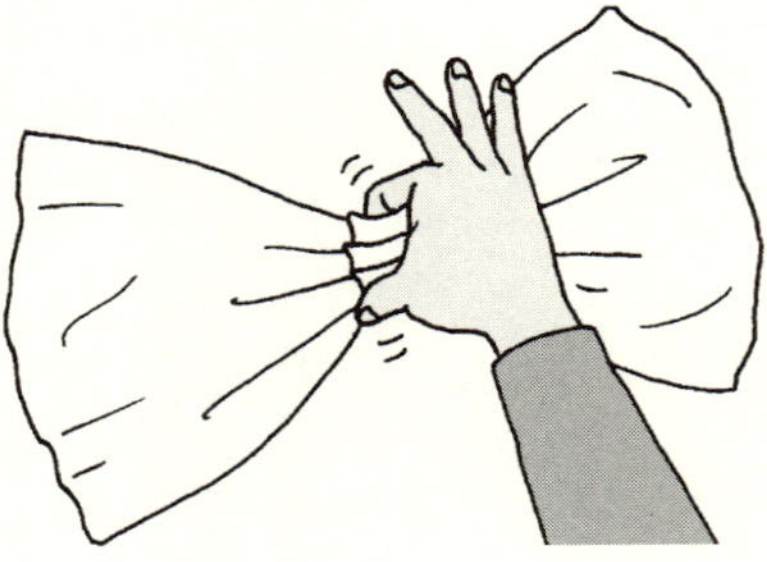

蝶《ちょう》ネクタイの形にするようなつもりで、重ねた部分をアコーデオンのように折りたたみ、親指と人差し指でつまみます。

③

子どもに、両端を持って引っぱらせます。つまんでいるだけなのに、どんなに強く引っぱっても、2つのおしぼりは離れません。

なぜなの?

2つのおしぼりを重ねた部分をアコーデオンのように折りたたむことによって、親指と人差し指だけで、すべての接触部を押さえることになり、摩《ま》擦《さつ》力《りよく》が大幅にアップしたのです。

応用

この手品は紙のおしぼりでもできます。おしぼりが出てこない場合は、手持ちのハンカチでもできます。また、テーブルの上に備え付けの紙ナプキンでもできます。早い話、布や紙の類ならなんでもできます。

32

ストローの負電荷で割りばしが大回転

ストローをこすって発生する静電気は数千ボルトにもなります。この静電気に割りばしが引きつけられて回転します。

①

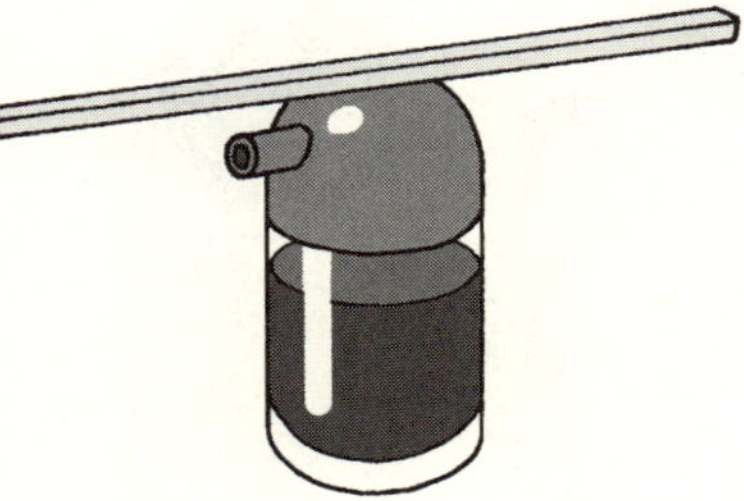

割りばしを１本、台に乗せます。醤《しょう》油《ゆ》のびん、ようじ入れ、砂糖の入れ物など、上が丸くてなめらかなものならなんでもかまいません。

②

ストローを紙ナプキンかティッシュペーパーで５～６回こすります。

③

ストローを割りばしの片方の端に近づけると、割りばしはストローに引きつけられます。ストローを動かすと、ストローを追いかけるようにして、割りばしが回転します。

なぜなの？

ストローを紙ナプキンでこすると、ストローにはマイナスの電気が、紙ナプキンにはプラスの電気がたまります。また、「誘電分極《ゆうでんぶんきょく》」という現象により、割りばし（絶縁体）にマイナスの電気を帯びたストローを近づけると、ストローに近い割りばしの端にはプラスの電気が生じます。このため、ストローを割りばしに近づけると、マイナスとプラスの電気が引きつけ合い、ストローの回転を追って割りばしも回転するのです。

なお、ストローを紙ナプキンでこすって発生する電気は静電気とよばれ、その電圧は数千ボルトにも達します。（13ページ参照）

33 スプーンとアルミホイルで味がする

金属のスプーンとアルミホイルを平行に持ち、舌につけると何でもありませんが、二つの金属の一端を接触させてから他端を舌につけると味がします。

①

金属のスプーンとアルミホイルを、子どもに平行に持たせ、舌につけさせてみます。何も味はしないはずです。

②

今度は、スプーンとアルミホイルの手に持ったほうの端を接触させておいて、同じことをさせます。苦いような味を舌で感じるはずです。

なぜなの？

電解液の中に、2種の異なった金属が入ると、電池になります。この手品の場合、唾液《だえき》が電解液となり、スプーンとアルミホイルが2種の金属です。したがって、舌にスプーンとアルミホイルをつけたまま、他端を接触させると、電池となり、舌の味蕾《みらい》（感覚細胞からなる味覚の芽）を刺激して味を感じるのです。

34 スプーンの磁石

磁石《じしゃく》でスプーンを数回こすると、スプーンが磁石になります。
そのスプーンをテーブルの角でたたくと、磁石でなくなってしまいます。

①

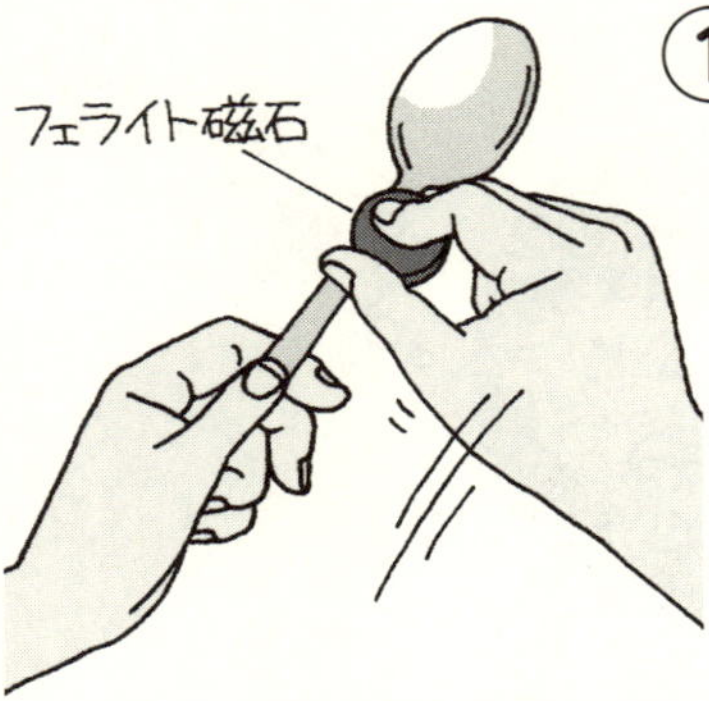

金属のスプーンを、磁石で数回、先端に向けてこすります。磁石は、冷蔵庫にメモを貼《は》りつけるのに使っているもの（フェライト磁石）でかまいません。

②

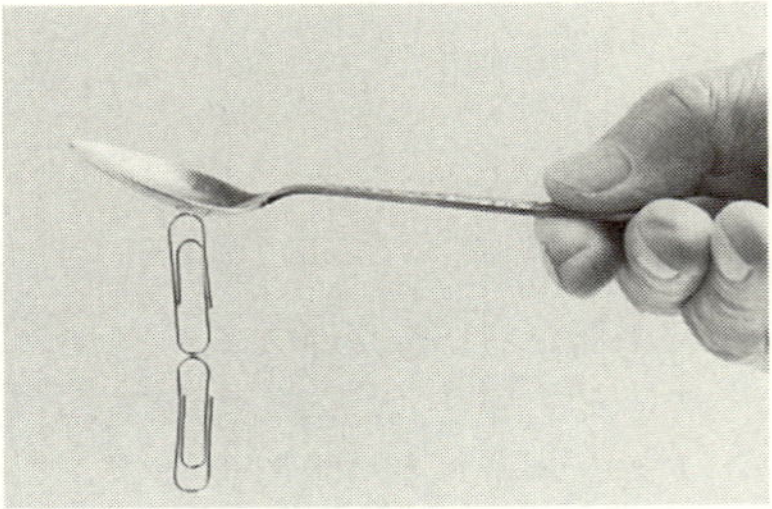

スプーンを鉄製のペーパークリップなどに近づけるとくっつき、スプーンが磁石になっていることが確かめられます。

③

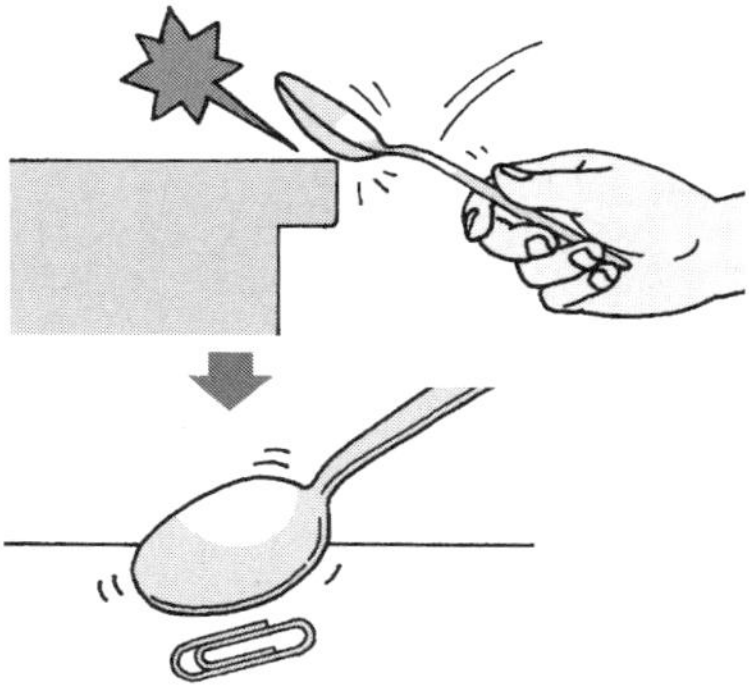

この磁石になったスプーンを、硬いテーブルの角で何回か強くたたくと、クリップを近づけてもくっつかなくなります。たたくと磁石でなくなってしまうのです。

なぜなの?

　スプーンを構成している金属は、一つ一つが小さな磁石からなると考えられます。しかし、ふつうのスプーンでは、それらの小さな磁石がバラバラの方向を向いているので、全体としては磁石とならないのです。これを磁石で同じ方向に向けてこすってやると、小さな磁石がNSをそろえて一つの方向を向くため、磁石の性質を持つのです。

　磁石となったスプーンを、テーブルの角など硬いものの上でたたくと、これらの小さな磁石の向きがまたバラバラになってしまうため、磁石ではなくなるのです。

35

いきなり凍るビン

なんの変哲もないジュースのビンなのに、キャップをはずすと……おおーっ！
いきなり中身が凍ってしまいます。

①

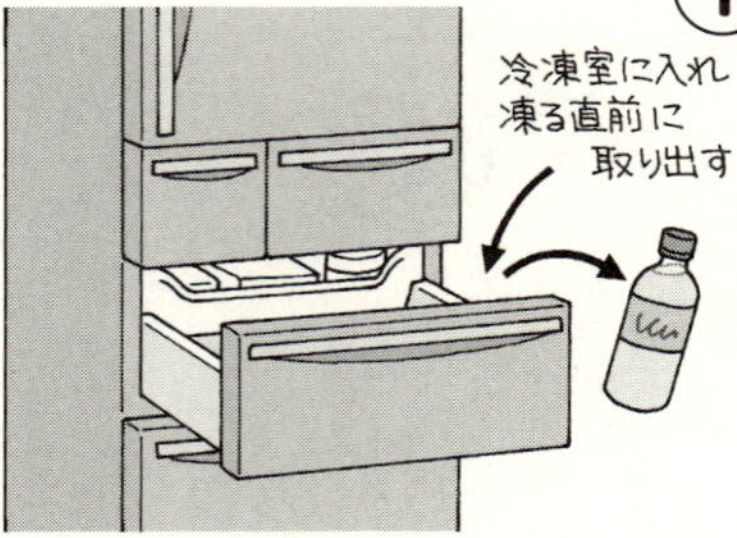

100〜120mlくらいの炭酸飲料の小ビンを、冷蔵庫の冷凍室に1時間くらい入れ、中身が凍る直前まで冷やします。（凍る直前の状態になるまでの時間は、冷蔵庫のパワーによって違います。1時間かからない場合もありますし、1時間以上かかる場合もあります）

〈注意〉

水は凍ると体積が増えるため、**冷凍室に入れたまま中身を凍らせてしまうと、ビンが破裂することがあります。**また、何らかの不測の事態によりビンが破裂する危険性もありますので、冷凍室に入れる際には、ビンをポリ袋に入れるなど、万一の場合のそなえをしてください。**いかなる場合も、顔の前にビンを持っていかないでください。**

②

おやつのジュースだといって、中身が液体であることを遠くから確かめさせてから、**十分子どもの顔から離れたところで**静かにキャップをはずします。すると、中の液体がいきなり凍り出します。

なぜなの？

　これは液体の過冷却という現象です。普通、水は0℃で凍りますが、冷凍室に入れて静かに置くと、マイナス10℃ほどになっても凍りません。こうした冷たい水の入った容器を外に出し、ビンのキャップをはずすと、それが刺激となって、上のほうから一瞬にして凍っていくのです。

36

半分に切ったはずなのに

ニンジンを釣り合いの位置で半分に切ります。しかし、確かに半分に切ったはずなのに、左右の重さを計ると違っています。

①

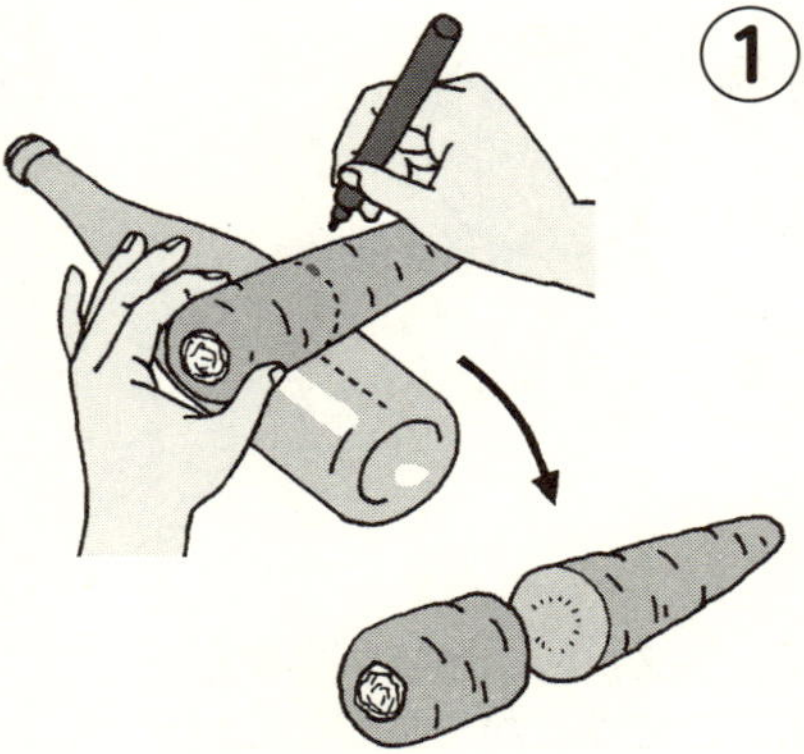

葉っぱを取ったニンジンをビンの上で釣り合わせ、ちょうど中心になる位置に印をつけて、そこで半分に切ります。

②

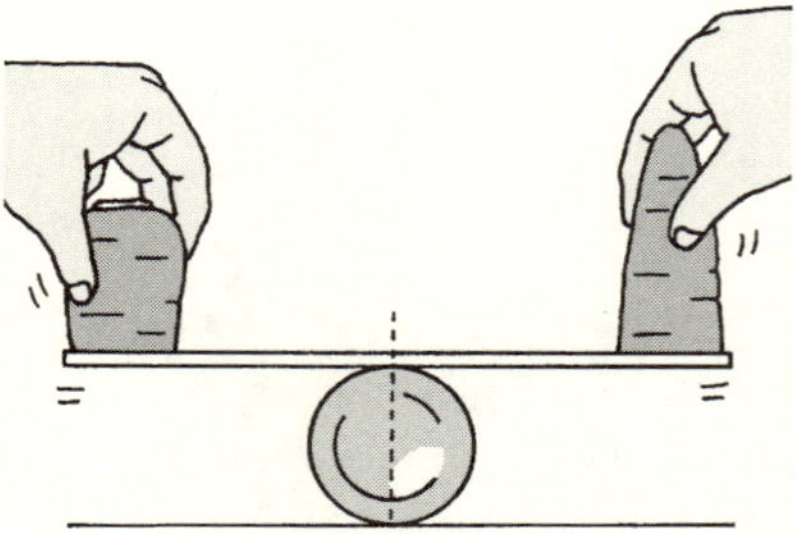

ビンの上に、大きめの定《じょう》規《ぎ》を乗せて釣り合わせておき、半分に切ったニンジンを両端に静かに置きます。

③

子どもは当然、釣り合うものだと思っていますが、定規は、必ずニンジンの首のほうが下がり、しっぽのほうが上がります。

なぜなの？

最初にニンジンがビンの上で釣り合っていたのは、じつは、左右の重さが釣り合っていたわけではないのです。このとき釣り合っていたのは、「左半分の重さ×左半分の重心から支点までの距離」と「右半分の重さ×右半分の重心から支点までの距離」です。それぞれの量を「力のモーメント」といいます。重心から支点までの距離は、しっぽ側のほうが長いですから、重さはしっぽ側のほうが軽いことになります。

応用

ちょっと大きいですが、大根でやって左右の重さを実際にはかりで計ってみると面白いでしょう。

37

食塩水をかんたん電気分解

そこらへんに転がっている電池と、台所のアルミホイルだけで、塩素ガスと水素ガスを発生させちゃいます。

①

コップに水を８分目ほど入れ、さらに食塩をスプーン３～４杯入れてかきまぜ、食塩水にします。

②

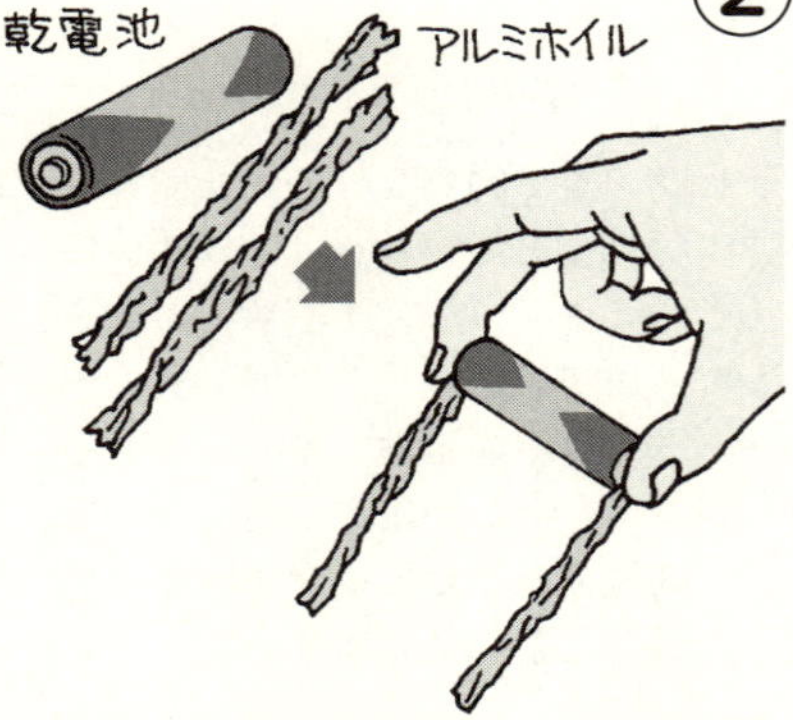

1.5ボルトの単１～単３の乾電池をいずれか１個用意し、アルミホイルを巻いて作った適当な長さの２本の線を両極に指で固定します。

③

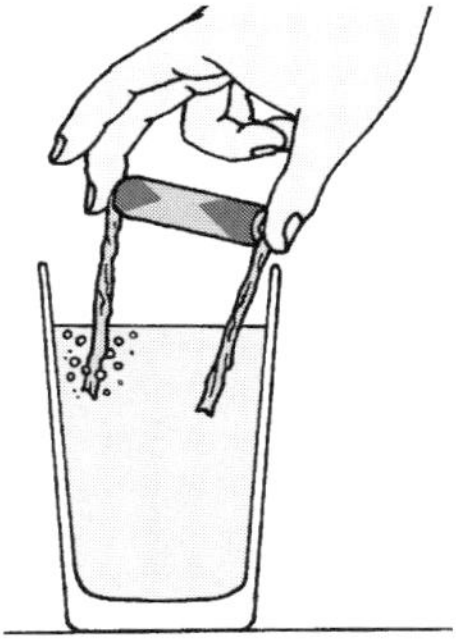

アルミホイルの線のもう一方の端を、両方とも食塩水の中につけると、マイナス極のほうから勢いよく泡が出て白くなっているのがわかります。

なぜなの?

　これは食塩水の電気分解です。マイナス極から出る泡は水素です。また、プラス極からは塩素が出ているのですが、塩素は水に溶けるのでほとんど目には見えません。鼻を近づけるとかすかに臭います。両極の反応をまとめると次の通りです。

・プラス極

$2Cl^- \rightarrow Cl_2 + 2e^-$

・マイナス極

$2H_2O + 2e^- \rightarrow H_2 + 2OH^-$

　なお、アルミホイルと電池の接触点を指で直接押さえても、電池1個ならとくに危険はありません。しかし、2個以上は危険ですので、絶対にやめてください。

〈注意〉電池を2個以上つなぐのは危険です。

第5章 ごはんの後に科学手品

38 割りばしでやかんを宙に吊る

どう見ても落ちそうですが、割りばしを組み合わせるだけで、大きなやかんが支えられます。

①

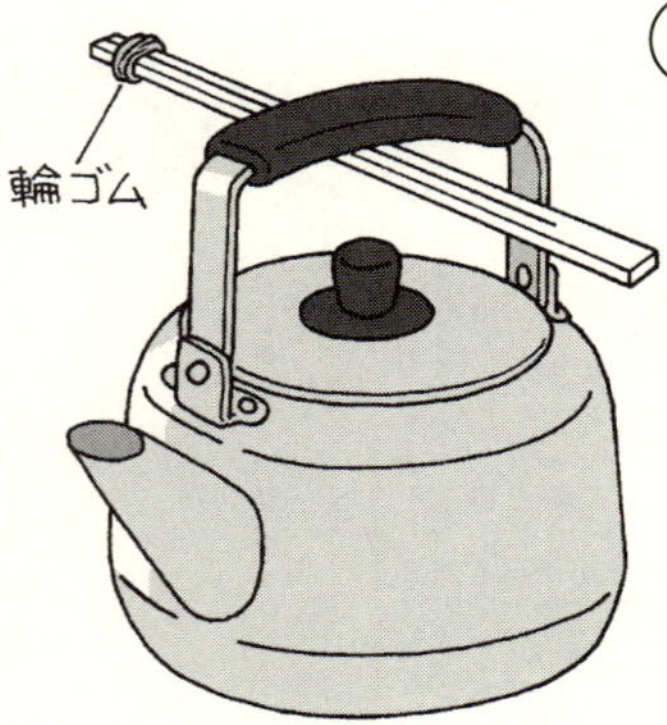

割りばしの先端に輪ゴムを巻きつけ、やかんの取っ手の下に差し込みます。

②

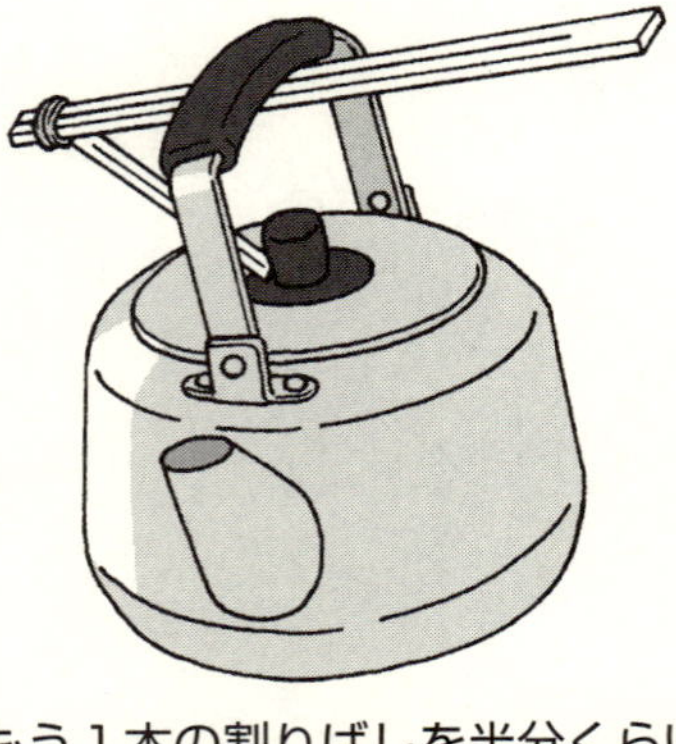

もう１本の割りばしを半分くらいの長さに折って、やかんのふたのつまみ部分のくびれに差し込み、やかんが傾くように調節します。

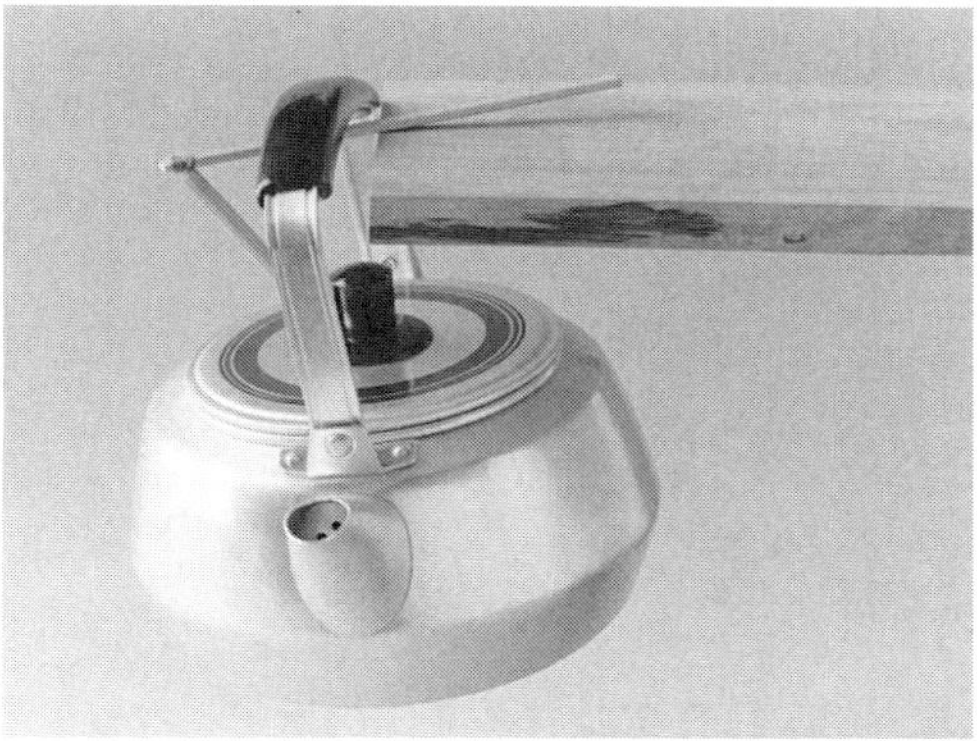

③

テーブルの端に割りばしを置くと、やかんはテーブルの下の空間に浮かびます。（つまみが細すぎると、うまくいきません。その場合、割りばしを差し込む位置を、つまみ部分のくびれではなく、つまみ部分全体とふたとの境目にしてみましょう）

なぜなの？

このやかんのつり合いをよく見ると、やかんの取っ手の部分は「く」の字形に傾いて、やかん全体がテーブルの内部空間に入っていることがわかります。それは、やかんの重心が割りばしの支点の真下にあるからです。割りばしと接する取っ手の部分の摩擦《まさつ》を大きくするため、紙ヤスリなどを貼《は》っておくと効果的です。

39

アルミ缶のおさんぽ

大きくふくらませたポリ袋のあとを追って、アルミ缶がゴロゴロと転がっていきます。

①

ビールなどのアルミの空き缶を床《ゆか》の上におきます。

②

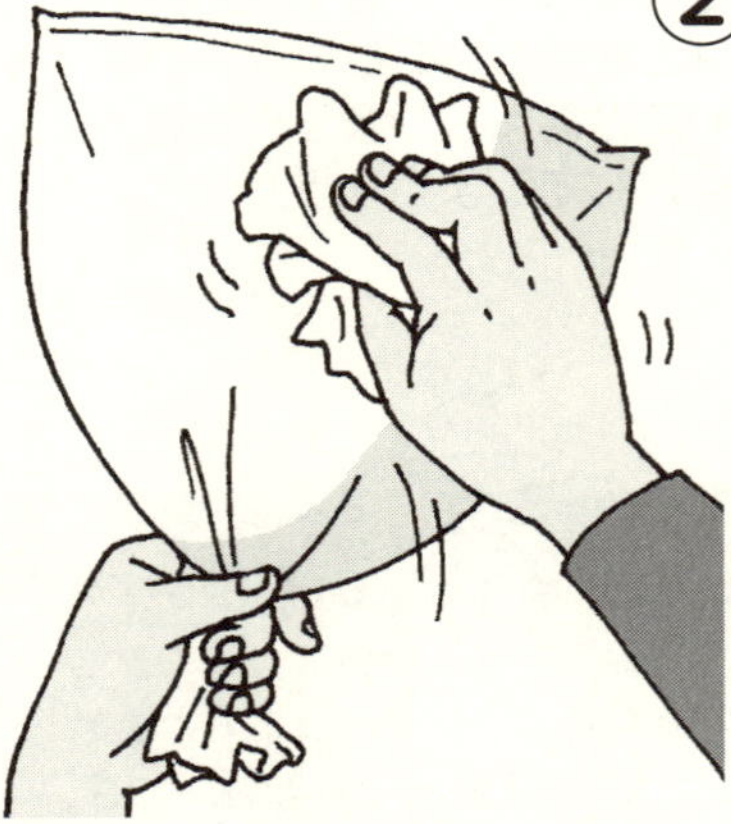

ポリ袋をふくらませて口をしばり、ティッシュペーパーでよくこすります。

③

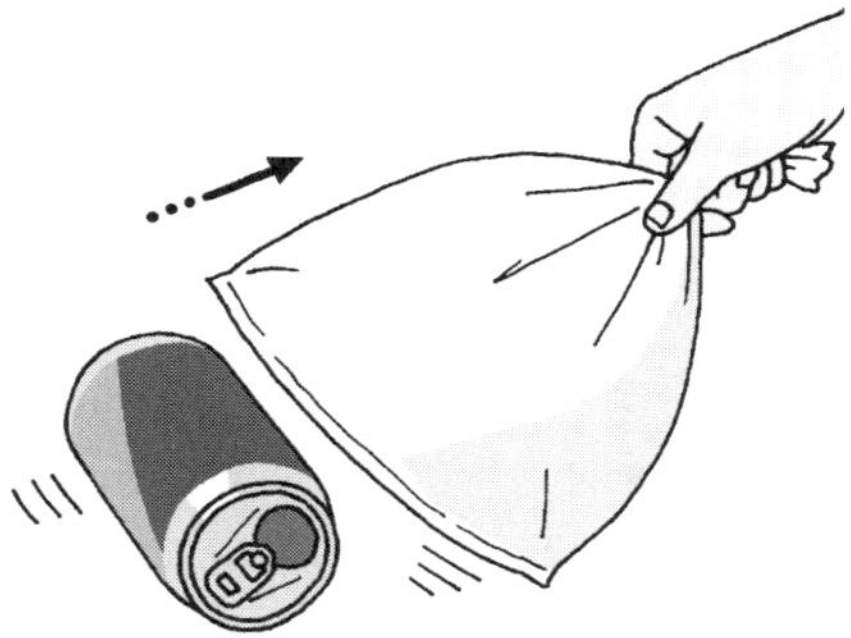

ポリ袋をアルミ缶に近づけて動かすと、それを追ってアルミ缶が転がります。

なぜなの?

ポリ袋をティッシュペーパーで摩擦《まさつ》すると、ポリ袋は数千ボルトという高い電圧のマイナスの静電気を持ちます。また、アルミ缶は金属なので、高い電圧を持ったポリ袋が近づくと、「静電誘《せいでんゆう》導《どう》」という現象により中の電子は力を受けて動き、缶の一端がプラスの電気を帯びて、ポリ袋と引き合う力が生まれます。このため、アルミ缶はポリ袋についてゴロゴロと転がっていくのです。

応用

ポリ袋の代わりにプラスチックの下敷きやゴム風船などでもできます。同じようにティッシュペーパーでこすってやります。また、力は弱いながら、ストローでもできます。

40

火花が飛ぶアルミ缶

アルミ缶にラップフィルムを巻きつけてからそれをはがし、指を近づけると火花が飛びます。

①

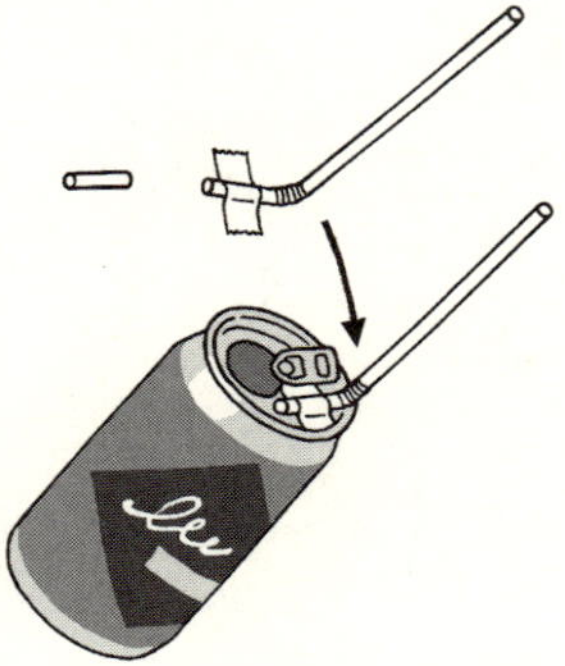

アルミの空き缶の上部にストローをセロハンテープでつけます。このストローは、直接アルミ缶をさわらないための取っ手の役目をします。

②

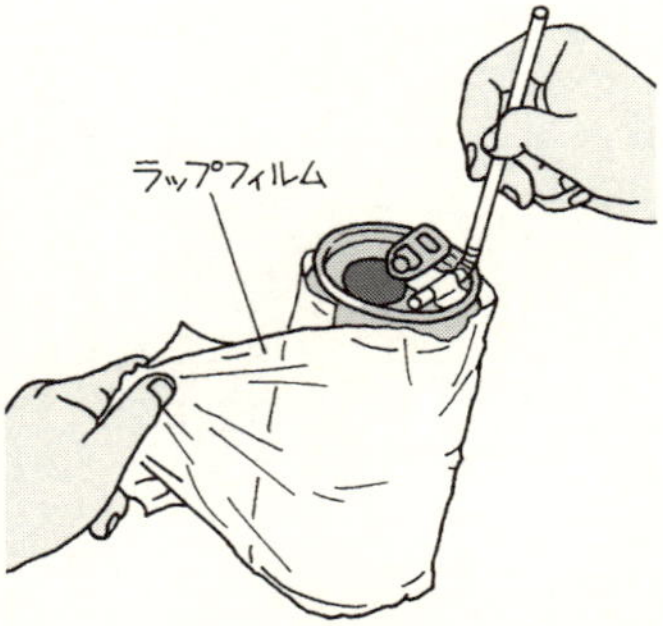

アルミ缶をひと回りするようにラップフィルムを巻きつけたあと、ストローの部分を持って缶を空間に持ち上げたまま、そのラップフィルムを引きはがします。

③

アルミ缶に指を1本近づけます。すると、アルミ缶と指のあいだに火花が飛び、少しショックを受けます。

なぜなの？

アルミ缶からラップフィルムを引きはがすときに、「剥離帯電《はくりたいでん》」という現象が起こります。これは、２種の異なった物質をはがすときに、お互いが電気を帯びる現象です。アルミ缶にはこれにより数千ボルトという高い電圧が発生します。この電圧により、地面につながった人体とアルミ缶のあいだに放電が起こり、火花が飛ぶのです。

火花が飛んで、多少のショックを受けますが、このとき流れる電流はいたって小さいので、なんら危険はありません。子どもにやらせてみても大丈夫です。

41

ゴム手袋が抜けない

牛乳パックの中に固定したゴム手袋《てぶくろ》が、どんなに引っぱっても抜けません。

①

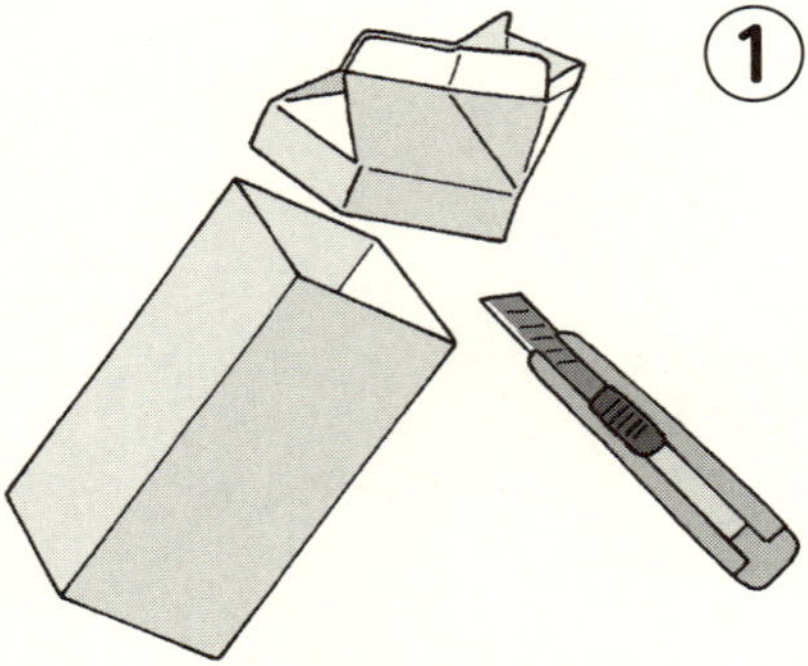

牛乳パックの上の部分をカッターで切り取ります。

②

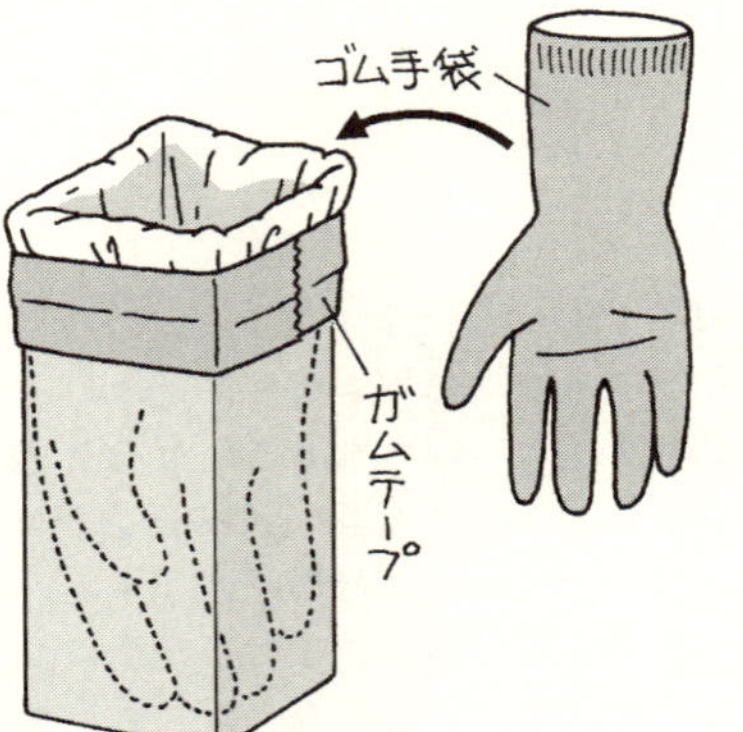

ゴム手袋を牛乳パックの中に入れ、端を牛乳パックの外側の部分にガムテープで固定するとともに、内部を密閉します。

③

子どもに、牛乳パックの中のゴム手袋に手を入れて外に引っぱり出させます。しかし、絶対に牛乳パックから抜けません。

なぜなの?

牛乳パックの中は密閉されているので、ゴム手袋を引っぱり出そうとすれば、中の空気が真空に近くなります。したがって、外の大気圧によって、ゴム手袋は強く内部に押し込まれるのです。

42

発泡スチロールを溶かす

発泡《はっぽう》スチロールのトレイにレモンの皮の搾《しぼ》り汁《じる》を振りかけると、あら不思議、発泡スチロールが溶け出します。

①

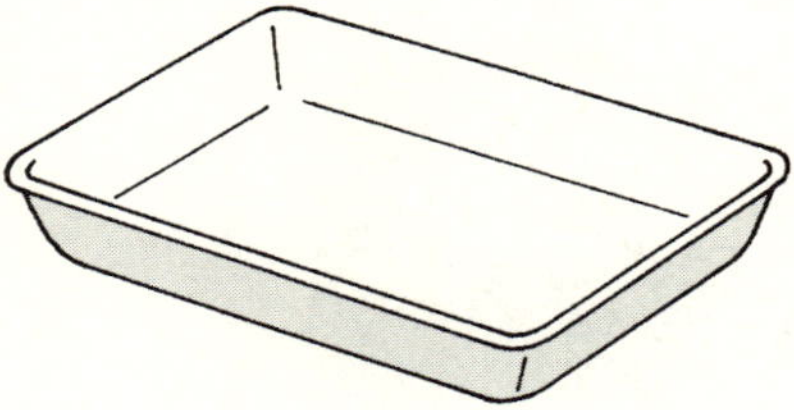

肉や野菜が盛られていた発泡スチロールのトレイを用意します。

②

その上に、レモンの皮（「中身」でなく「皮」であることに注意）の搾り汁を振りかけると、発泡スチロールが溶けてしまいます。

なぜなの？

これは、レモンの皮の搾り汁（レモン油）が発泡スチロールを溶かす性質を持っているからです。化学的にはリモネンという物質です。レモンだけでなく、柑橘類《かんきつるい》の皮には同じ成分がふくまれており、大量に発生する発泡スチロールのゴミを処理する切り札として期待されています。

43 アルミホイルのタコ踊り

ティッシュペーパーでこすったストローをタコの頭に近づけると、それにつられてタコの足が上がります。

①

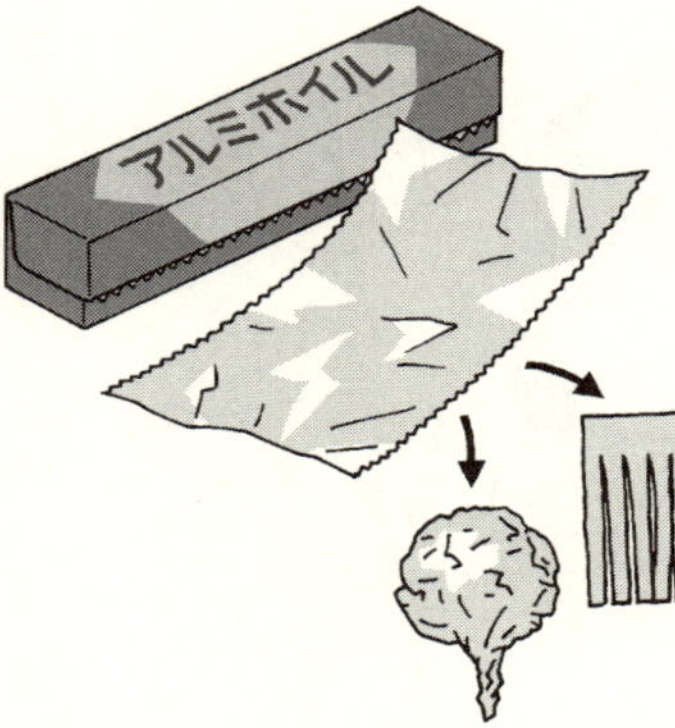

アルミホイルで、タコの頭の部分と足の部分を作ります。（足はきれいに細く切ったほうが、うまくいきます）

②

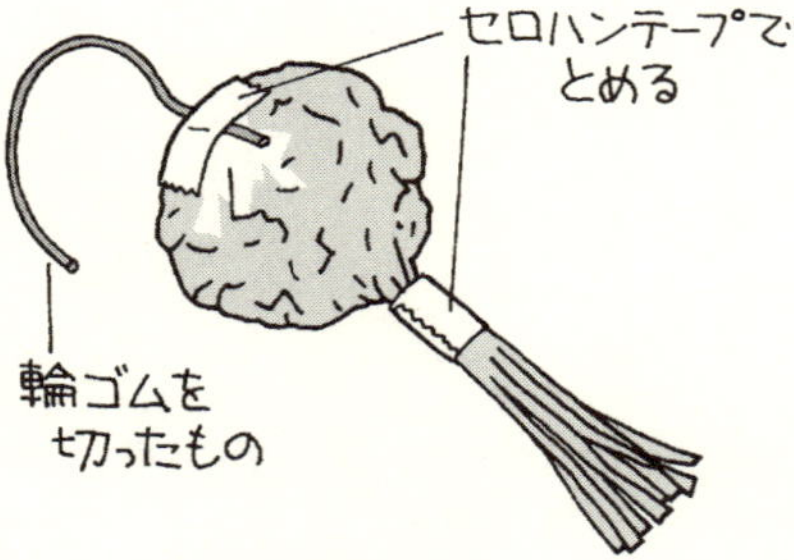

タコの足を巻きつけて、セロハンテープでとめます。また、頭には吊《つる》すためのゴム（輪ゴムを切ったものでよい）をはりつけます。

③

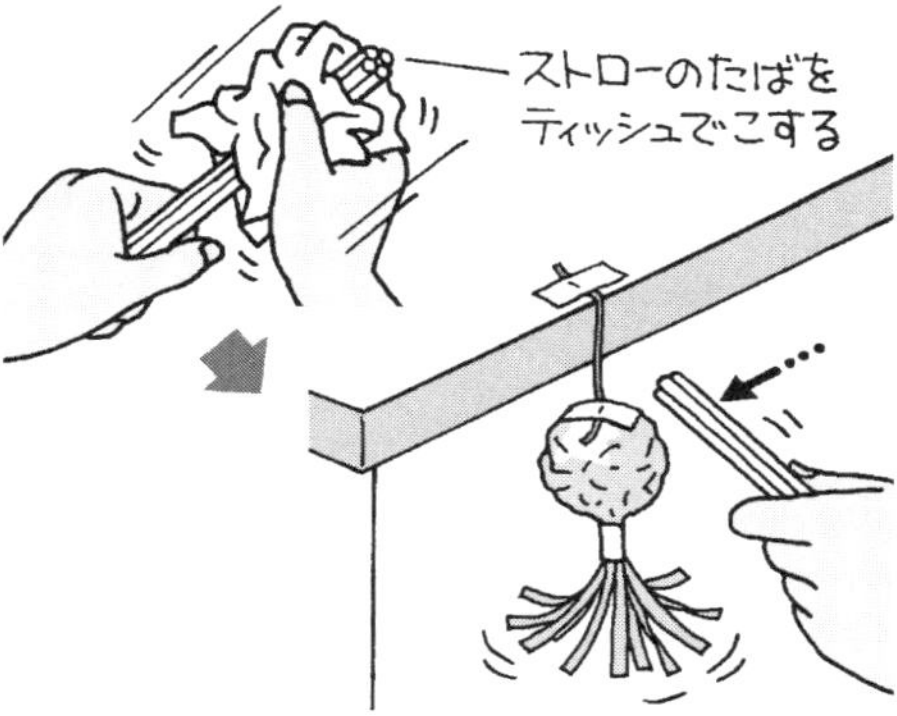

ゴムをテーブルの端にとめ、ストローを３～４本まとめてティッシュでこすってから、タコの頭に近づけると、タコの足が動きます。

なぜなの？

ストローをティッシュペーパーでこすると、ストローにはマイナスの電気がたまります。このストローをアルミホイルのタコの頭に近づけると、「静電誘導《せいでんゆうどう》」という現象により、プラスの電気が引き寄せられます。その結果、下につけたタコの足にはマイナスの電気がたまることになり、アルミホイルどうしが反発して足が動くのです。

44

吹くと高くなるのに、たたくと低くなる

先入観を持ってものを見てしまうと、とんだ間違いをすることがあることを、子どもに教えるのに、絶好の手品です。

①

同じ形のペットボトルを３本と、同じ形のコップ３個を用意します。

②

３本のペットボトルに水を、少なめ、中ぐらい、多めというふうに入れ、少ないほうから順にボトルの口を吹くと、音が低、中、高と変わります。

③

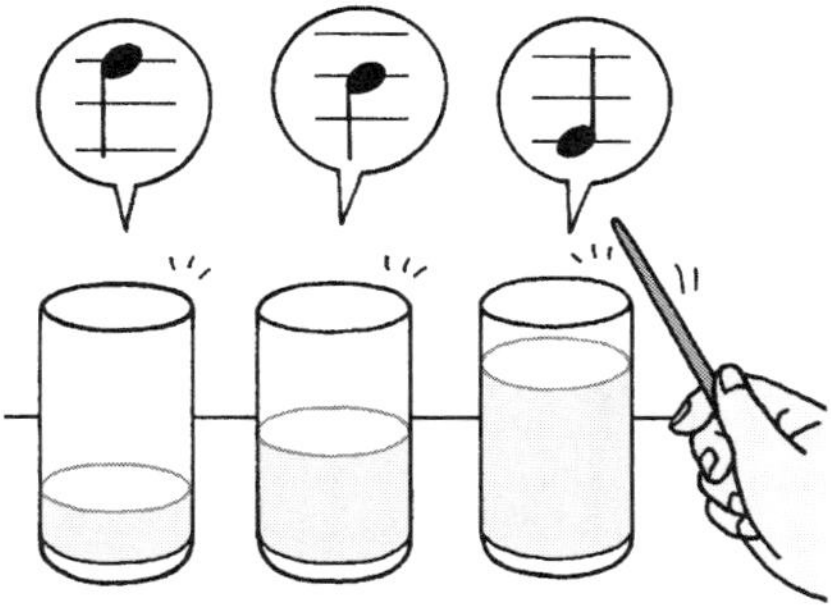

今度は3個のコップに、同じように量を変えて水を入れ、はしでたたきます。すると、水の量が少ないほうから、今度は音が高、中、低と変わります。

なぜなの?

ペットボトルを吹いて音が出るのは、水の上の空気の部分が共鳴するからです。そして、空気の部分の長さが長いと低い音が共鳴し、短いと高い音が共鳴するので、水の量が増えるにつれて、音が低、中、高と変わるのです。

一方、コップをはしでたたくと、コップ全体が振動して音が出ます。このとき、コップに水がたくさん入っていると、その水の慣性によって振動が遅くなり、音が低くなります。そのため、コップの場合は、水の量が増えるにつれて、音は高、中、低と変わります。

コラム 4

天才科学者の青年時代
フランクリン

雷が電気であることを発見したフランクリン（一七〇六～一七九〇年）は、優れた科学者であるとともに、アメリカの独立に貢献した偉大な政治家でもありました。

フランクリンが、多大な業績を残せたのは、なにより彼の勤勉さに負うところが大きいといわれています。

一二歳で、兄の経営する印刷所に年季奉公に入ったフランクリンは、印刷工の見習いとして修業するかたわら、コツコツと文章を書く練習をし、数学、哲学を独学で勉強しました。二三歳で独立し、新聞を発行して新聞記者として活躍しました。それ以来、一貫して「勤勉」の大切さを人々に説いたといわれています。

フランクリンが凧《たこ》の実験によって、稲妻が放電現象であることを明らかにしたのは、一七五二年のことでした。そしてその四半世紀後の一七七六年、彼は「アメリカ独立宣言」の起草委員として活躍しています。

フランクリンの場合、青年時代に突出した才能が見られたわけではありません。彼の成功

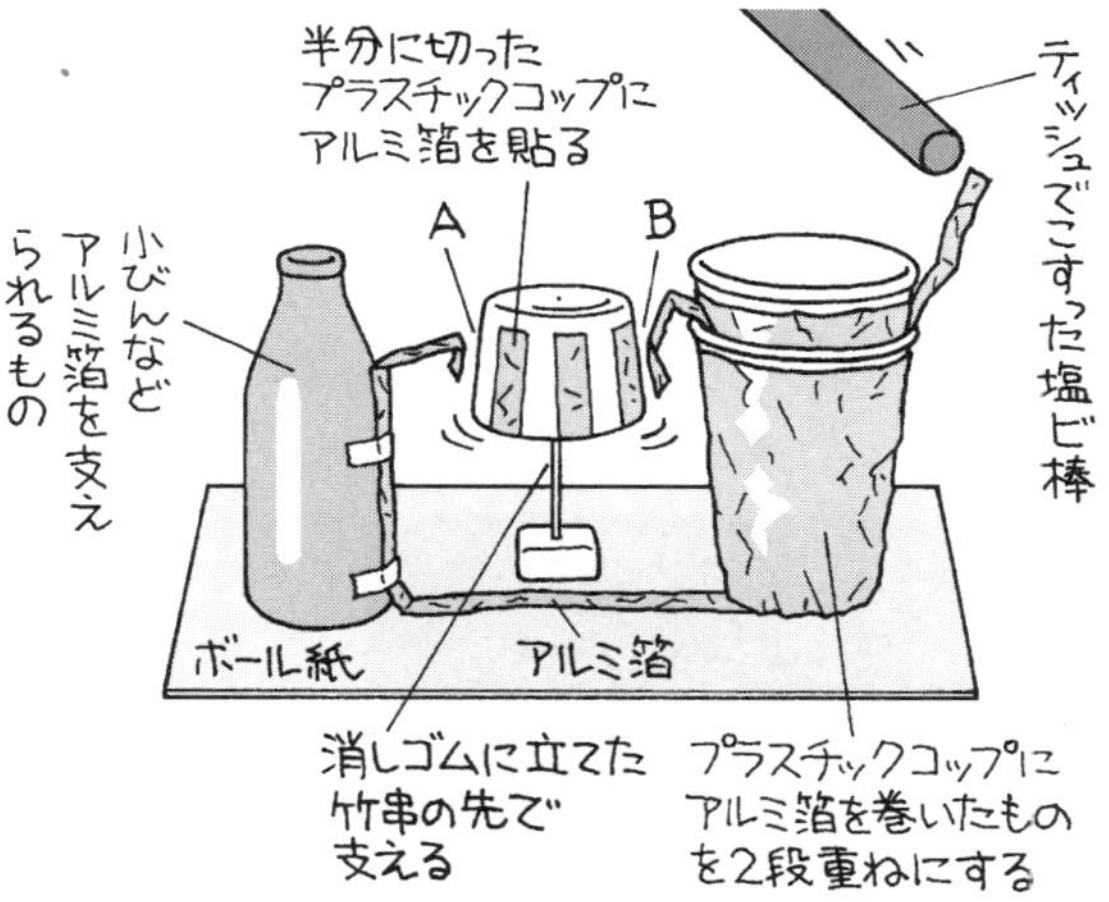

フランクリンモーター

の理由を一つだけあげるなら、それはまぎれもなく「勤勉」ということだったのではないでしょうか。

地道な努力の積み重ねこそ、偉大な発見・発明にたどりつく最善の方法であるということを再確認しながら、フランクリンモーターの実験（上図）をやってみましょう。

竹串などで支えられた、半分に切ったプラスチックのコップには、一センチ間隔にアルミ箔が貼られています。A点、B点では、コップとアルミ箔の線は接触せず、少し離れています。

塩ビの棒をティッシュペーパーでこすって近づけると、コンデンサーとなったコップに電気がたまり、それが絶えず放電することによってプラスチックのコップが回転します。

ただし、湿度が大敵ですので、冬季以外はちょっと難しいかもしれません。

フランクリンモーターの一例

第6章 太陽の下で科学手品

45

霧吹きで虹をつくる

太陽を背にして立ち、霧吹《きりふ》きで霧を噴射すると、その中にきれいな虹《にじ》が見えます。

①

晴れた日、太陽を背にして立ち、霧吹きで霧を噴射します。

②

霧の中にきれいな虹が見えます。

なぜなの？

霧は小さな球形の水滴の集まりです。それに太陽の光（平行光線）があたると、その球形の水滴の中に入って反射して外に出てきます（下図）。

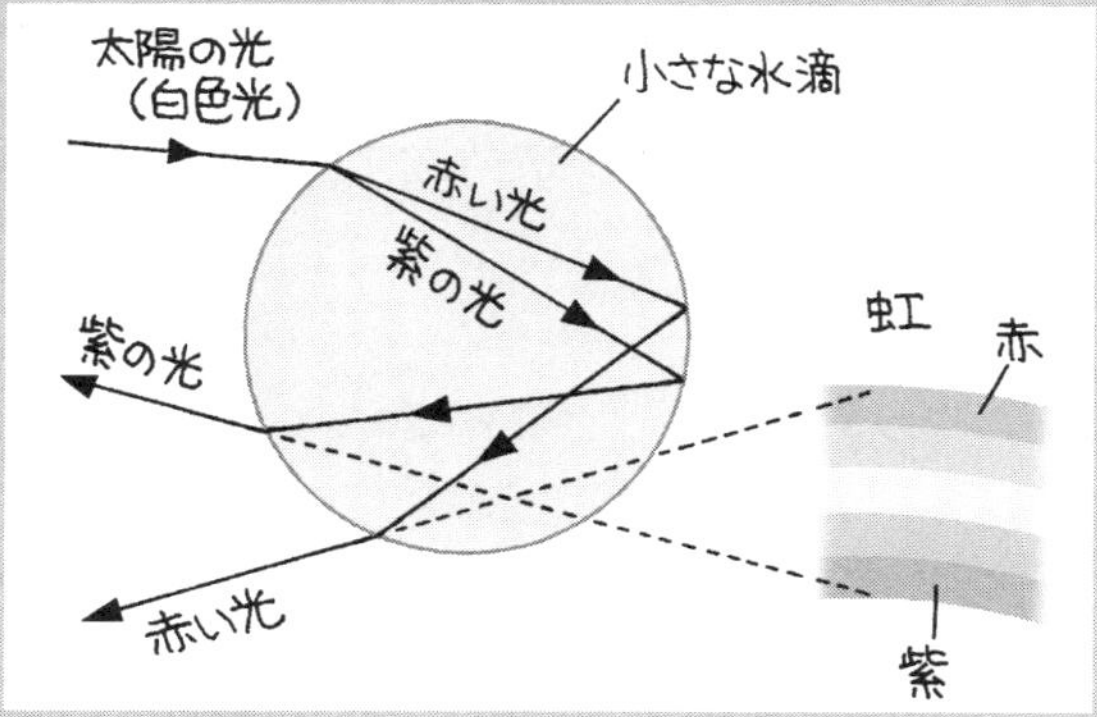

このとき、水滴の中での光の屈折率がその波長によって異なるので、出てくる光は７色（赤、橙、黄、緑、青、藍、紫）に分かれて、虹ができるのです。赤い虹は地面から42度の方向でいちばん上に、紫の虹は40度の方向でいちばん下に見えます。（上図は角度を誇張気味に描いた概念図です）

46

洗面器の中の鏡で虹をつくる

それはもう、みごとな虹が、じつに簡単にできます。
昼食のバーベキューを用意する合間にでもやってみましょう。

①

洗面器にたっぷり水を入れ、鏡を太陽の方向に向けて、洗面器のふちに立てかけます。

②

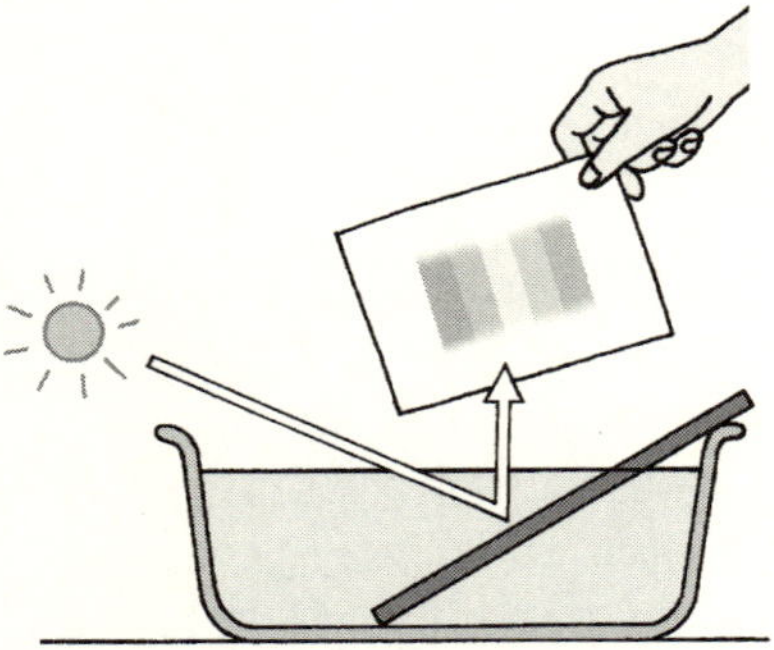

太陽の光がちょうど反射して当たるところに白い紙をかざし、鏡の向きと紙の位置を調節すると、紙にきれいな虹が映ります。

なぜなの？

太陽光線はいろいろな波長（色）の光からなっています。その中で、たとえば青い光は、水に入ると、赤い光より大きく屈折します（下図）。

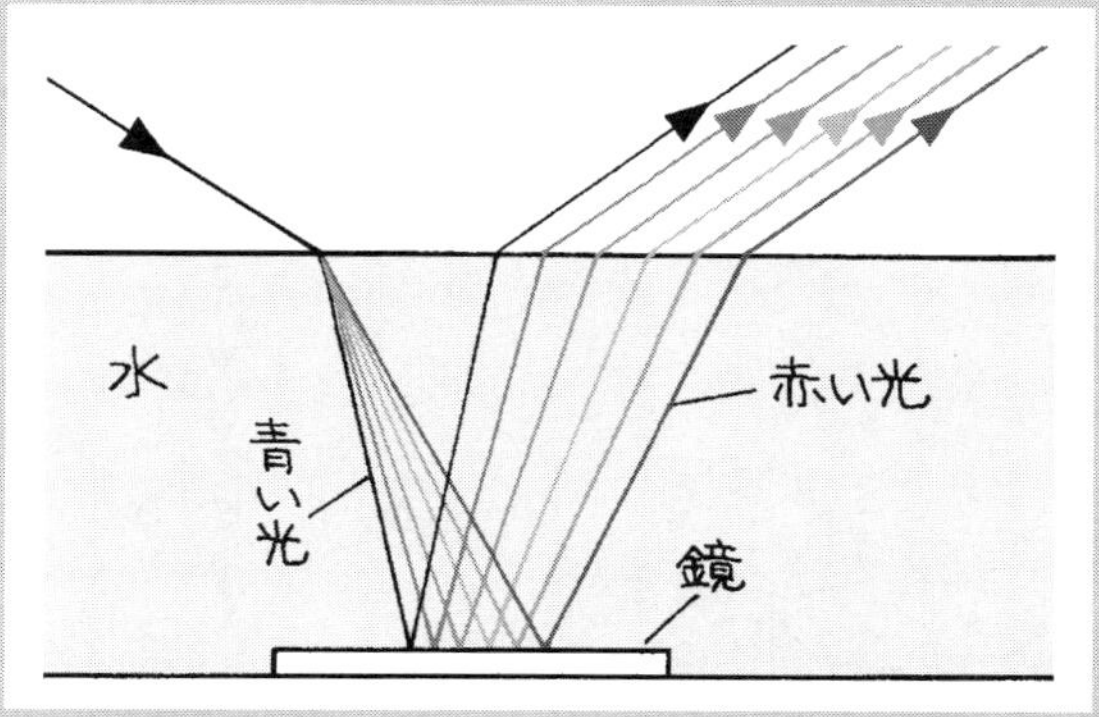

このように、波長によって空気と水の境における屈折率が違うため、鏡に反射して出てきた太陽光線は水面を出て分散し、白い紙の上に虹のスペクトルが見えるのです。

47

自動濾過ガーゼ

泥水《どろみず》の入ったコップの中にガーゼの一端をひたし、もう一端を別のコップに入れておくと、そのコップには透明な水だけがたまります。

①

コップに水を入れ、その中に泥をすくって入れて泥水をつくります。

②

もう１つ空のコップを用意し、ガーゼの一端を泥水のコップに、もう一端を空のコップに入れます。

③

しばらくすると、空のコップのほうに、
透明な水だけがたまりはじめます。

なぜなの？

泥水の中にひたされたガーゼには、見る間に水がしみこみ、上昇していきます。これは、ガーゼをつくっている繊《せん》維《い》の毛細管現象により、水が吸い上げられるからです。こうして、泥の粒子と水が分離され、透明な水だけが、泥水の入ったコップからもう一方のコップに移るのです。

48 砂鉄が並ぶ

河原とか、海辺とか、砂のあるところに行ったら、ぜひこの手品をやってみましょう。
自然にある砂鉄なんて、今や知らない子どもがほとんどでしょう。

①

磁石を手に持ち、上からビニール袋をかぶせて砂の中をまさぐります。

②

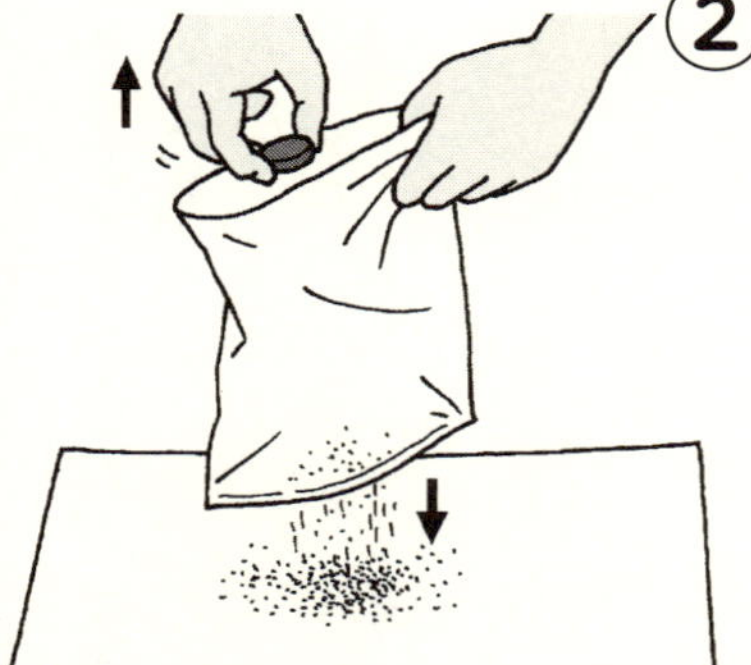

すると、袋の外側に砂鉄がつきます。紙の上に移動して、磁石を取り出せば、砂鉄が紙の上に落ちます。これをくり返せば相当量の砂鉄を集められます。

③

白い下じきなどの上に砂鉄を落とし、
下から丸い磁石をあてると、ちょうど
その丸い形に砂鉄が並びます。

なぜなの?

砂鉄は、磁石から出る磁力線にそって並んでいます。それは、砂鉄が鉄であり、磁石にくっつく性質をもっているからです。

なお、携帯用カイロの袋の中の黒い粉もほとんどが鉄粉なので、同じように磁石に反応して並びます。

49

水面に映った木がちぢんでいく

池や湖に貸しボートがあったら、子どもといっしょに乗ってみましょう。
さあ、ボートの上で科学手品です。

①

ボートに乗ると、水際に立つ木が水面に大きく映っています（影のことではありません）。そちらへ向かって、つまり岸に向かってボートをこぎよせるように、子どもにいいます。

②

岸に近づいても、水面に映る木はどんどんちぢんでいって、そこに到達することができません。

なぜなの？

物体を水面の反射で見ているとき、下図のように、物体からの光の入射角と反射角は等しくなっています（反射の法則）。

木のてっぺんからは、水面に向かって、あらゆる方向に光が出ていますが、反射の法則を満たさなければならないため、ボートの位置によって、どの角度に出た光を見るかは決まってしまいます。岸に近づくにつれて、実際に目で見る木のてっぺんからの光の入射角と反射角は小さくなっていきますが、ゼロにはなりません。こうして、水面に映る木はどんどんちぢんでいくのです。

50

腕時計で方角をあてる

太陽さえ照っていれば、方位磁石などなくても、アナログ時計を使って、どちらが南かをいいあてることができます。

①

アナログ時計の短針の先に小枝を立て、その影がちょうど短針と重なるようにして、短針を正確に太陽の方向に向けます。

②

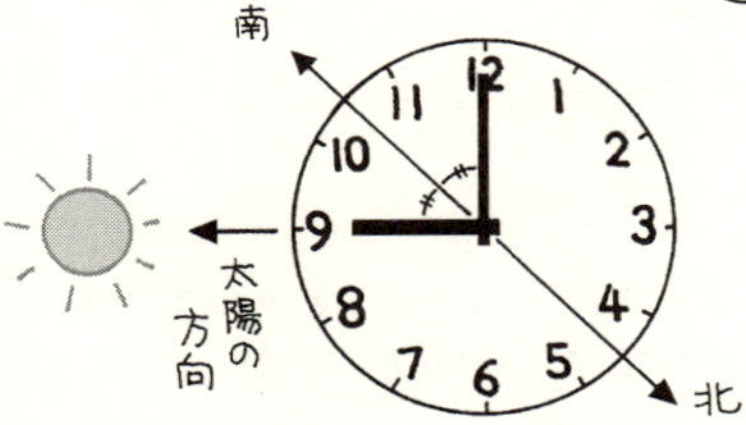

このとき、短針と12時の目盛のなす（小さいほうの）角の二等分線の方向が、ほぼ南を指します。（ただし、午前6時以前、午後6時以降は、大きいほうの角の二等分線の方向）

なぜなの?

単純化するために、春分の日や秋分の日を考えると、太陽は、正午に真南にあり、その6時間前は真東に、6時間後は真西にあります。一方、時計の短針は、正午には12時の目盛にあり、その6時間前は、6時の目盛、6時間後も6時の目盛です。これを角度で考えると、太陽が真南から何度のところにあるかは、ちょうど短針が12時の目盛となす角の半分になっているのです（下図）。

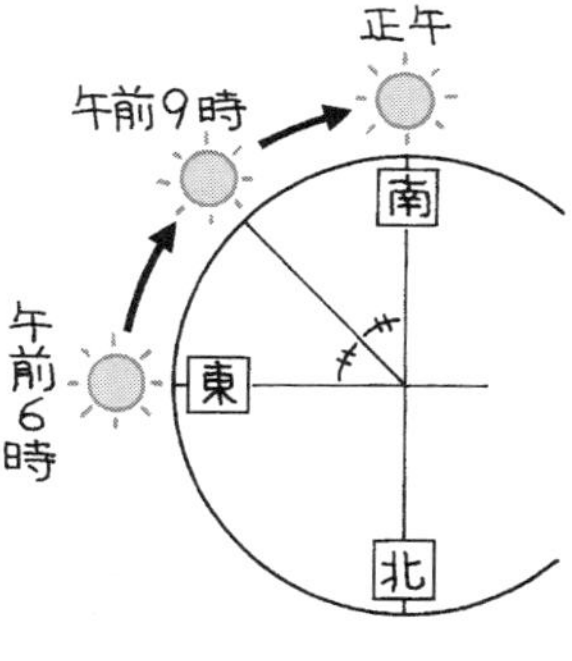

午前９時の太陽の向き

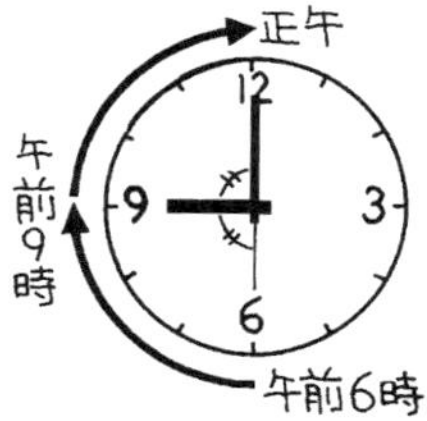

午前９時の時計の針

そのため、短針を太陽に向ければ、短針と12時の目盛のなす角の二等分線の方向が南になるのです。

第7章 お風呂で科学手品

51

水道の蛇口でだんごを作る

こんなところに「だんご」ができるとは、
ホントに意外です。

①

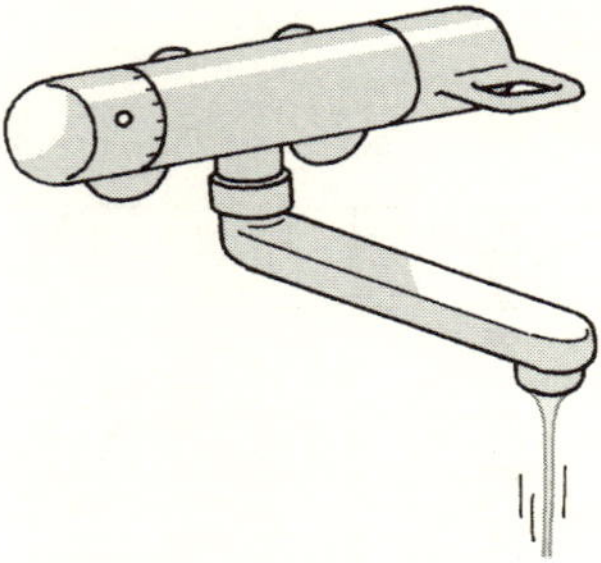

洗い場でも、湯船でも、水道の蛇口《じゃぐち》から水を出して、それをできるだけ細い流れにします。

②

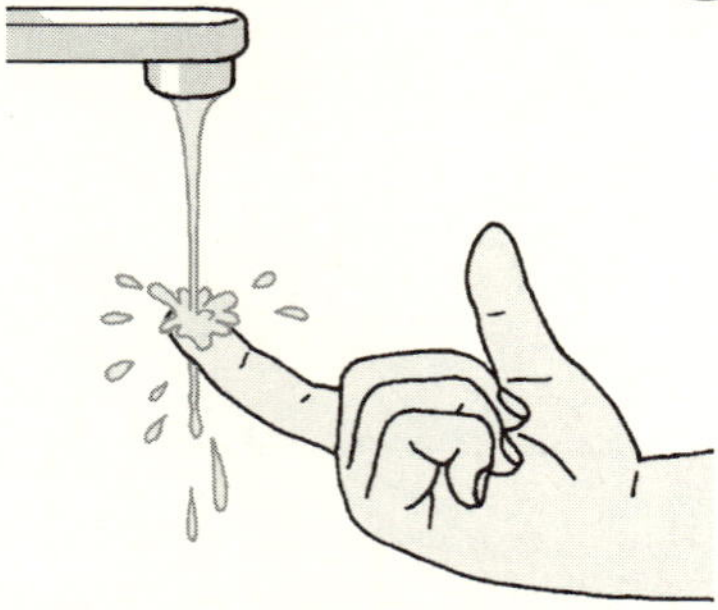

水流の下のほうに人差し指の腹をあて、指を少しずつ上げていきます。

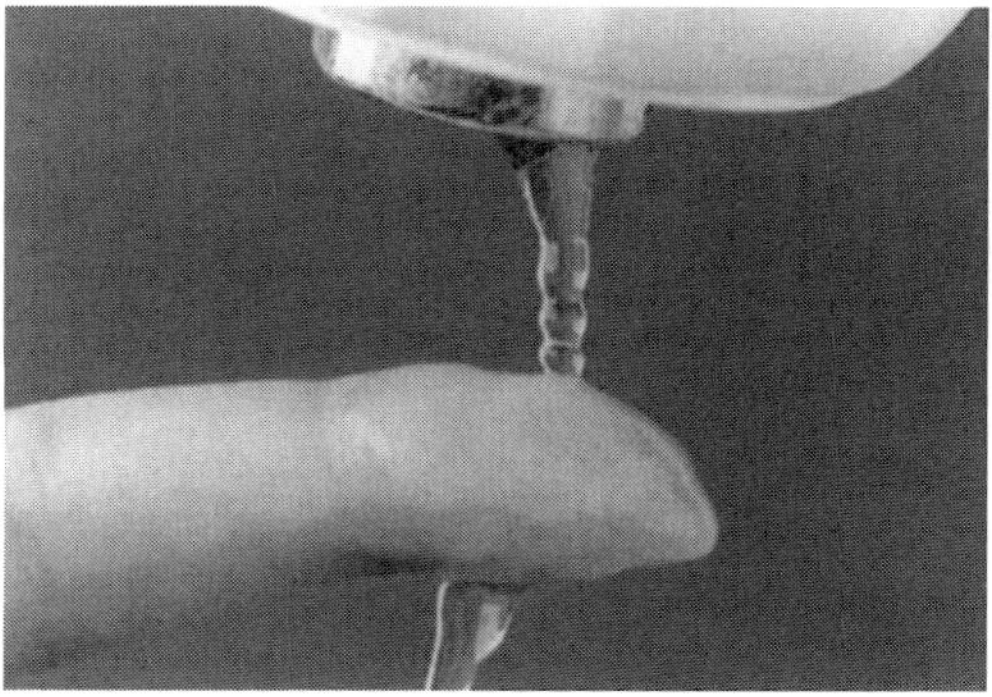

③

蛇口から3〜4センチのあたりにくると、水流にギザギザができはじめ、さらに指を上げると、数個のだんごができます。

なぜなの？

この場合、指が水の流れをせき止める形になります。そのため、指と蛇口のあいだの水流がふくらみ、表面張力によって、丸くなるのです。

なお、指を蛇口すれすれに上げるとだんごは1個ですが、少し下の場合、だんごは数個できます。これは、指から蛇口までにある水の体積が、それぞれの状況で最も安定しただんごになって並ぶと考えられます。だんごが1個の瞬間に指を止め、そこから指をだんだん下ろしていくと、やがて、半分の大きさのだんご2個になり、さらに3分の1のだんご3個になる、と考えてもよいでしょう。

52

ゴムホースで「永久機関」

なにも力をくわえていないのに、自然に水がくみ出されてきます。

永久機関は物理的に不可能なはずなのに、これはいったい……？

①

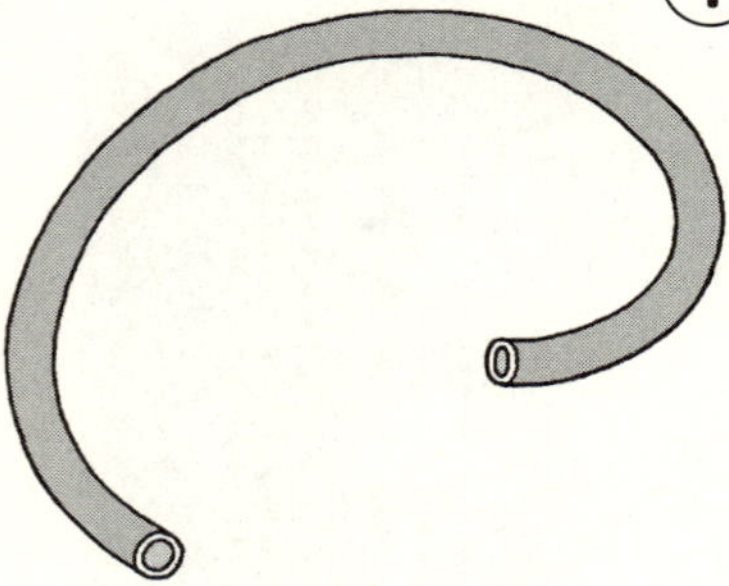

１メートルくらいのゴムホースをどこかから調達します。

②

片方の端をお風呂のお湯の中につけ、もう片方の端を口で吸います。お湯が口元まできたら、親指で端を押さえて、お湯が逆流しないようにします。

③

親指で押さえたほうの端を、水面よりも低く、湯船の下のほうに下げてから親指を放すと、なにも動力はないのにどんどんお湯がくみ出されます。

なぜなの？

ホースの一端から水が出ると、その体積の分だけ真空となり、水面を押す大気圧によってホースの中に水が上昇し、外に飛び出すのです。

なお、最初にお湯が出はじめるのは、水の重さによります。ゴムホースの中の水を１つの物体と考えると、ホースの端を水面より下に位置させれば、水の重心の位置はホースの頂点より外側となり、指を放せば水が落ちるのです。

応用

ストローを何本も重ね、つなぎ目をセロハンテープでしっかり密閉してもOKです。ただし、途中の１本だけは折り曲げ式ストローが必要です。

53 進め！　ようじの丸木船

ただシャンプーをぬるだけで、お風呂のお湯の上を、ようじの丸木船がスーイスーイと走ります。

①

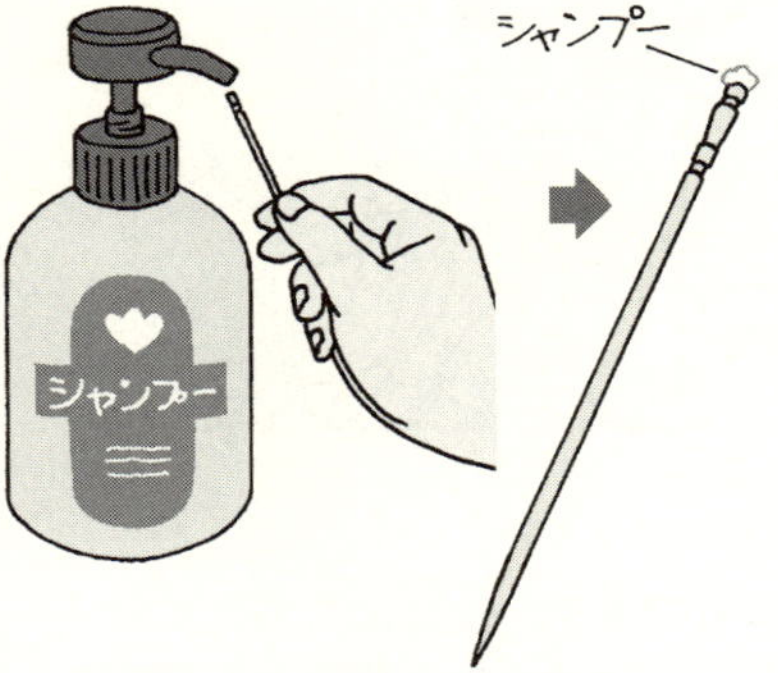

ようじのとがっていないほうの端にシャンプーをぬります。

②

これを静かにお湯の上に置くと、
シャンプーをぬった側と反対のと
がった先の方向に動き出します。

なぜなの？

シャンプーは、化学的には「界面活性剤」といわれる成分を含んでいます。これは汚れをつつみこんで落とす役割をしますが、同時に、水の表面張力を弱める働きもします。このため、ようじのシャンプーをぬった側ではシャンプーが溶け出してお湯の表面張力が弱まり、船は、前方のお湯の表面張力によって引かれる形になります。それで、前に進むというわけです。

ところが、１回この手品をやると、お湯の表面全体にシャンプーの膜《まく》ができて全体的に表面張力が弱まってしまい、続けてはできません。ただし、お湯をかきまぜてやれば何回かはできます。

54

ピンポン玉のおさんぽ

ピンポン玉に「流れ落ちる水」の首輪をつけて、
さあ、お散歩させましょう。

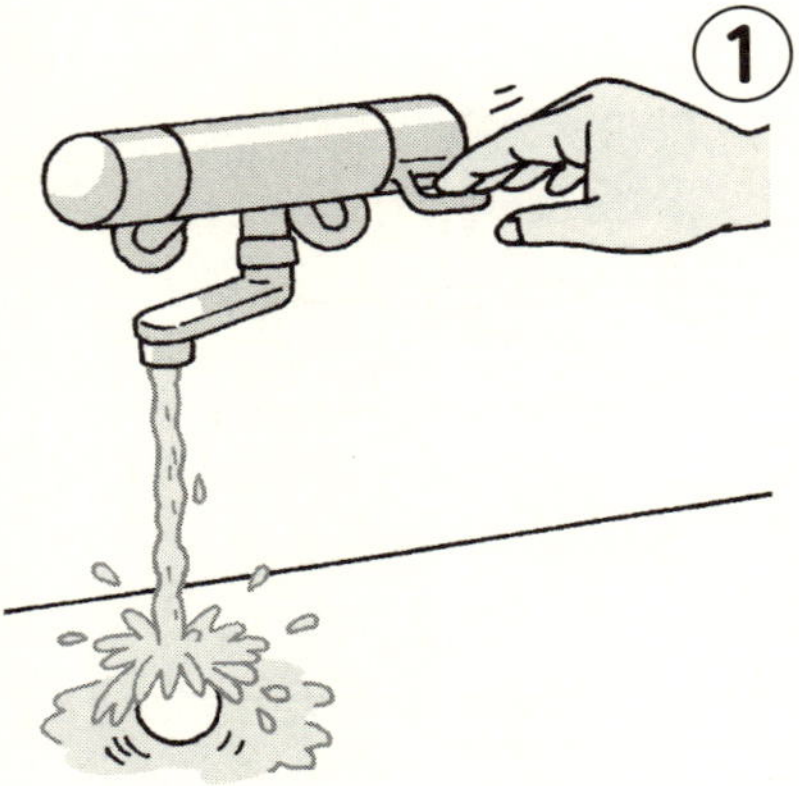

お風呂の洗い場で、水道の蛇口（蛇口が動かないタイプのものではできません）から水を多めに出し、その真下にピンポン玉を置きます。ピンポン玉は、揺れ動きながら、その場にとどまるはずです。

②

蛇口を少しずつ動かしてみましょう。
ピンポン玉はいっしょについてきます。

なぜなの?

水や空気などの流れのあるところでは、まわりの空気との摩擦などにより周辺部では流れが遅くなり、中心部ほど流れが速くなっています。ベルヌーイの定理によれば、流れの速いところほど圧力は低く、そのため、流れの中にあるものには、圧力のより低いほうへ、つまり、流れの中心へ吸い寄せられるような力が働きます。それで、ピンポン玉は、蛇口からの水流の下にとどまるのです。また、蛇口を少しずつ動かすなら、ピンポン玉はほぼ水流の中心にあることに変わりはないので、水流にとらえられたまま、動いていくのです。

55

石鹸を塗るだけできれいになる鏡

古くなったお風呂場や洗面所の鏡は、湯気がつくとすぐ曇ります。これが、石鹸《せっけん》を塗るだけできれいに映るようになります。

①

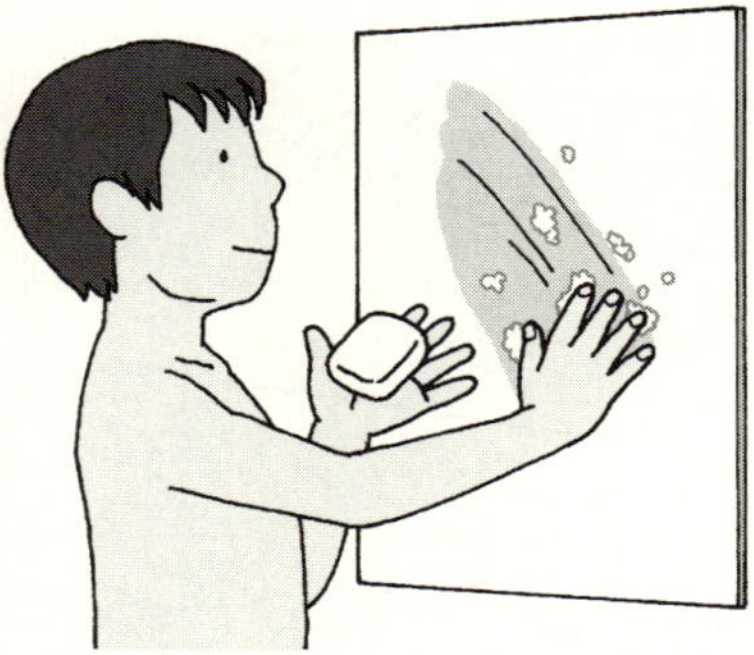

いつも湯気で曇っていて、お湯をかけても、またすぐ曇るような古い鏡があれば効果的です。その曇った鏡に、うすく石鹸を塗りましょう。

②

これだけで、鏡はきれいに映るようになります。

なぜなの?

石鹼で鏡を洗った経験は、みなさんお持ちではないでしょうか。ただ、そのとき、きれいにお湯で洗い流されたことと思います。

曇りの原因は、鏡の表面の細かい水滴による乱反射です。汚れがついていると鏡の表面は水に濡れにくく(疎水性)、水が細かい水滴になってしまうのです。そこに石鹼をうすく塗ると、水滴どうしがくっついて膜になり(親水性)、光の乱反射がおさえられます。

手でこすったくらいでは、こびりついた汚れはとれません。だから、石鹼を洗い流せば、元に戻ってしまいます。

56

シャボン膜で虹を見る

コップにできたシャボン膜の表面に、きれいな虹が生まれます。

①

洗面器に水を入れ、その中にシャンプーを数滴たらしてシャボン液をつくります。

②

歯みがきのときなどに使うプラスチックのコップを用意し、コップの口をシャボン液にひたしてから、引き上げます。

③

コップの口にできたシャボン膜を電球や蛍光灯の光にかざして見ると、きれいな虹が見え、膜の表面を虹が動いていきます。

なぜなの？

電球や蛍光灯の光は、いろいろな波長の光からなっています。光がうすいシャボン膜に当たるとき、膜の上面で反射する光と、膜の内部に入り下面で反射して外部に出てくる光がぶつかると、波（色）の干渉が起こり、光が強め合ったり、弱め合ったりして、虹が見えるのです。

なお、シャボン膜を光にかざした直後に虹が見えにくいのは、まだ膜が厚くて干渉が起こらないからです。また、時間が経過すると虹が消えてしまうのは、膜が薄くなりすぎて干渉が起こらなくなるためです。

コラム 5

天才科学者の青年時代

ファラデー

モーターや発電機の原理を見つけ、「電磁気学の父」といわれるファラデー（一七九一～一八六七年）は、家が貧しく、小学校にも行けませんでした。そして、現在の日本なら中学生くらいの年齢のときに、製本業の店に丁稚《でっち》奉公《ほうこう》に出されました。

このとき、製本される本の中の、科学の本に興味を持ち、熱心に読みあさったことが、ファラデーの科学への「こころざし」を確かにしました。

あるときファラデーは、お店のお得意さんのはからいで、後の師匠となるイギリス王立研究所のデービー教授の公開講座を聴講しました。

ファラデーは、デービーの講義を細大漏らさず正確にノートに記録しました。後にファラデーが、仕事を求める手紙をデービーに送り、実験助手として採用されたのも、手紙にそえられたこのノートが、デービーを感動させたからだといわれています。

一八二〇年にエールステッドが、電流の磁気作用を発見すると、ファラデーはこの現象に興味を持ち、

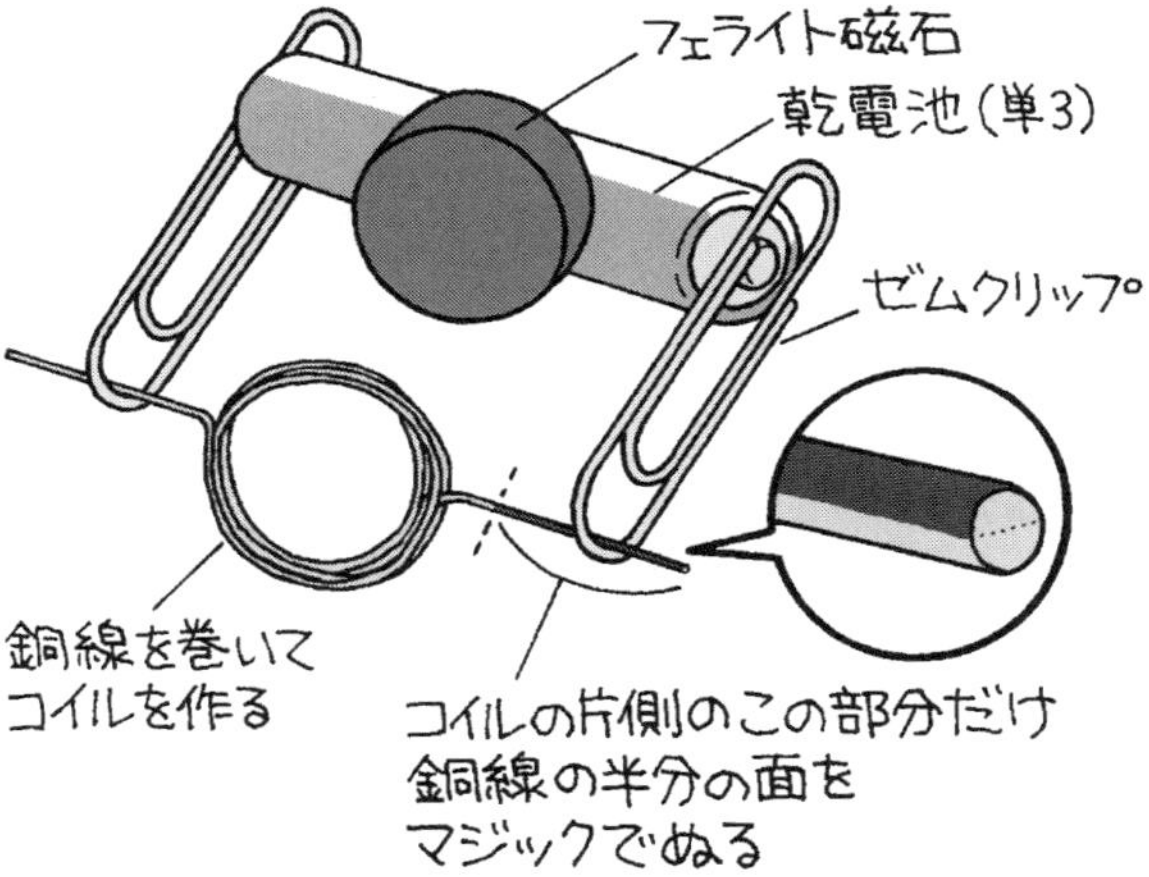

クリップモーター

「電流で磁気が発生するなら、その逆に、磁気で電流を作ることもできるだろう」という信念を持って、毎日そのことを考え、多くの実験を重ねました。そして、七年という歳月の後に、「電磁誘導の法則」を発見するにいたったのです。

初等教育をまったく受けなかったにもかかわらず、ファラデーは最終的に王立研究所の教授となりました。その「こころざし」の高さのために、スタート時のハンデなどまったく問題にならなかったのです。

ファラデーは、有名になったあとも、世間的な地位や名誉にはまったく関心を示さず、子どもたちのためにクリスマス

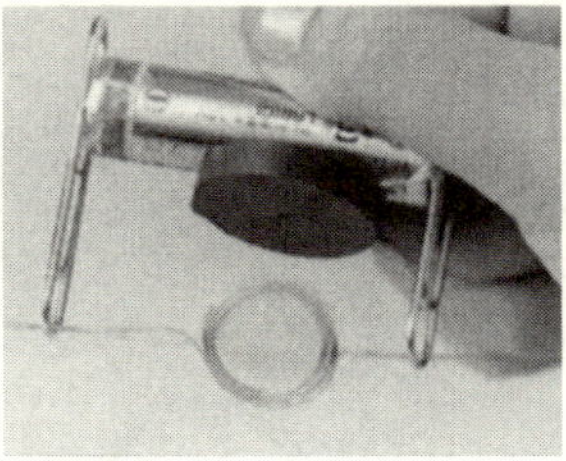

回転するクリップモーター

講演を開き、それは後世の科学者たちに引き継がれ、現在まで一七〇年以上にわたって毎年おこなわれています。

ここで取り上げたクリップモーターは、ファラデーが体系化した電流と磁気のあいだの性質を利用したものです。磁界の中で断続的に電流が流れることによりコイルは力を受け、モーターとして回ります。最初に指で少し回転をあたえてやると、うまく回りはじめるでしょう。

なお、普通、コイルとしては絶縁性のよいエナメル線やフォルマル線を使いますが、そうしたものは、家庭にはありません。図や写真に示した銅線があればベストですが、銅線もないときは、アルミホイルでも代用できます。

アルミホイルを細く巻いて一本の導線とし、それを直径二センチほどのコイル状に巻いて、巻き終わりの部分の導線の片側の半分だけマジックで塗れば、みごとに回ります。

銅線やアルミホイルは絶縁されていませんが、まったく問題ありません。

第8章 リビングで科学手品

57

封筒の中の手紙の文字を外から読む

外からは絶対に見えないはずの、封筒《ふうとう》の中の紙に書かれた文字を読み取ります。

①

両面とも白い紙に、ひらがなで３字前後の単語を、黒のマジックペンで子どもに書かせます。

②

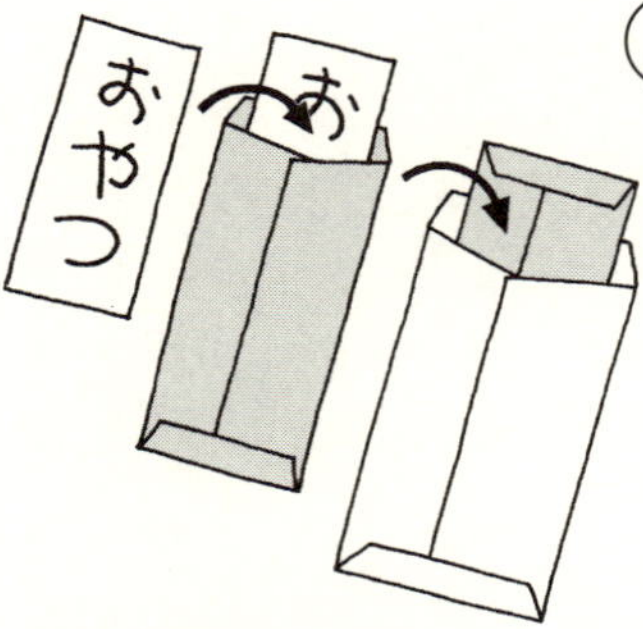

これを茶色の封筒に入れて封をし、さらにそれを白封筒に入れます。封筒は二重となり、外から中の文字は絶対読めません。

③

両面が印刷されていて、濃い色のチラシ紙を丸めてから切って、長さ10センチくらいの筒《つつ》をつくり、封筒に密着させてのぞくと、中の文字がはっきり読めます。

なぜなの？

封筒の中の文字が外から見えないのは、白い封筒に外から光があたり、その反射光があるために見えないのです。筒でそうした光を遮断し、封筒の内部を通ってきた透過光だけを見るようにすると、中の字が読めるのです。

58

ストローを切っていくと音が変わる

ストローで簡単に笛ができます。それを、はさみで切っていくと、だんだん音の高さが変わります。

①

ストローの一端を歯で強くかんでつぶして、勢いよく吹くと、音が出て、ストロー笛ができます。

②

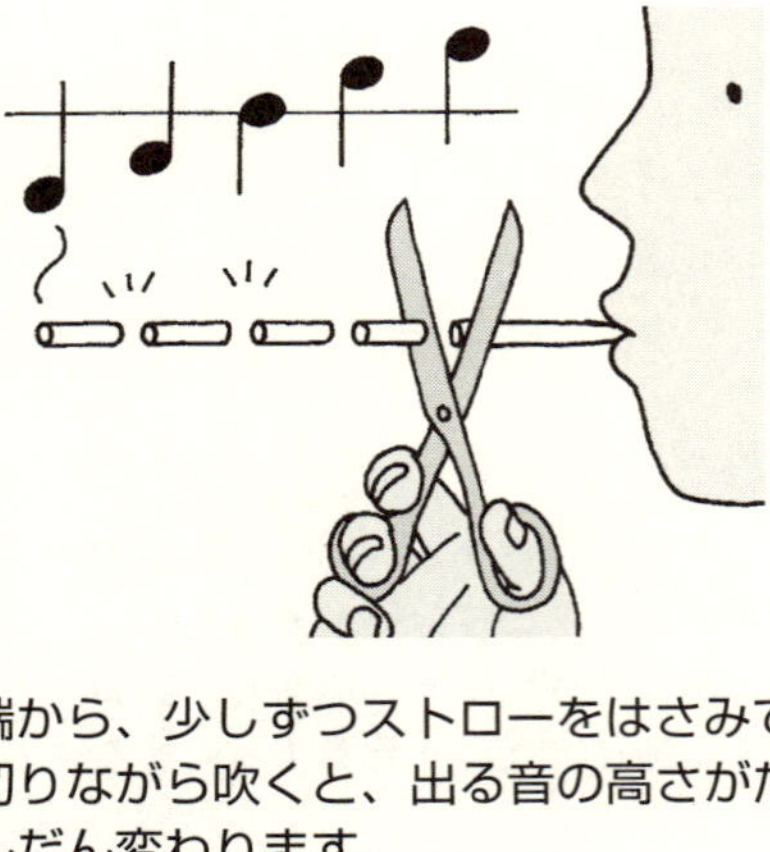

端から、少しずつストローをはさみで切りながら吹くと、出る音の高さがだんだん変わります。

なぜなの?

大きな音が出るのは、ストローの内部で共鳴が起こるためです。音の高さはストローの長さと関係があり、長いストローの場合は低い音が共鳴し、短いストローの場合は高い音が共鳴します。このため、音を出しながらストローを切っていくと、音の高さが変化していくのです。

応用

同じ形のペットボトルがいくつかあったら、それぞれに、量を変えて水を入れてみましょう。そして、ボトルの口の部分に自分の口を近づけて吹くと、出る音の高さが違うはずです。これも、ストロー笛と同じ原理で、共鳴する、水の上の気体の部分の長さが違うと音の高さが違うのです。

59 電気チョウチョ

うすいポリ袋を切り抜いてつくったチョウチョが、プラスチックの下敷きの上で舞っています。下敷きが動くとチョウチョも動きます。

①

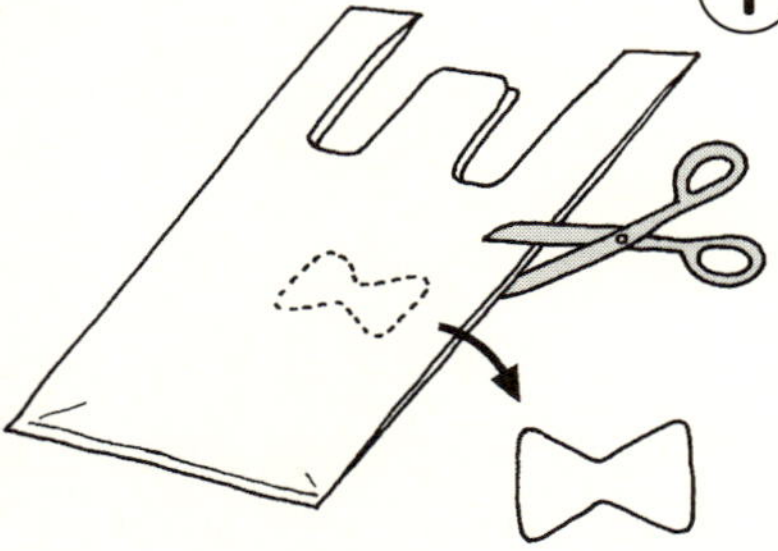

うすいポリ袋をチョウチョの形に切り抜きます。大きさは、本物のチョウチョと同じくらいでよいでしょう。

②

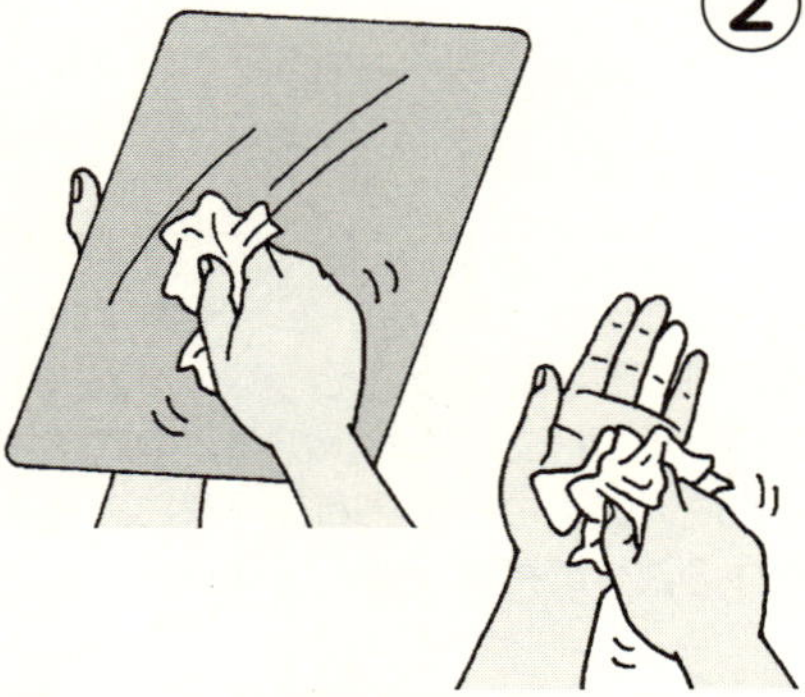

プラスチックの下敷きとチョウチョの両方を、ティッシュペーパーでよくこすります。

③

チョウチョを宙《ちゅう》に投げ上げ、その下に下敷きをあてると、ふわふわと舞い上がります。（チョウチョに触れないように、うまく下敷きを動かしてください。触れるとくっついてしまいます）

なぜなの？

　ポリ袋のチョウチョもプラスチックの下敷きも、ティッシュペーパーでこすると同じマイナスの静電気を持ちます。この静電気は電圧が数千ボルトと高く、チョウチョと下敷きとのあいだには相当大きな反発力がはたらきます。そのため軽いチョウチョは、下敷きの動きに応じて、ひらひらとあちこちを飛び回ります。

応用

　下敷きの代わりに、ストローをティッシュペーパーでこすったものでも、チョウチョがひらひら舞う感じは楽しめます。

60

吹いてもひっくり返らない名刺

軽い名刺《めいし》なのに、いくら強く吹いても動かず、机にへばりついています。

①

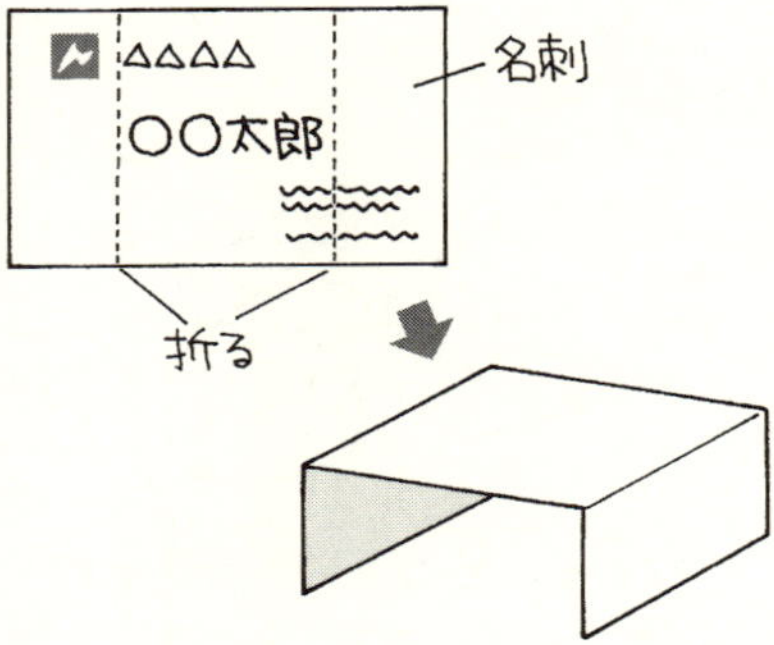

名刺をホチキスの針の形に折り曲げてコの字形にし、テーブルの上に置きます。

②

コの字形に開いた部分に口を近づけて、勢いよく息を吹き込みます。名刺は、いくら強く吹いても、テーブルにへばりついて動きません。

なぜなの？

気流の速いところほど、気圧が下がります（ベルヌーイの定理）。すると、名刺の外側の大気圧が大きな力となって名刺を押すので、名刺は動くことができないのです。

応用

キャンプに行ったりしたとき、風が強く吹いてテントが吹き飛ばされそうになったときは、テントの一部を開けて風が吹き抜けるようにすれば、テントは安定し、飛ばされないですむでしょう。

※この手品で登場する「ベルヌーイの定理」のくわしい解説を本書192ページより収録しています。あわせてご覧ください。

61

ゴム風船の膨らむときと縮むとき

ゴム風船を膨《ふく》らますとき、風船に頬《ほお》をあてていると温かくなり、風船が縮んでいくとき冷たくなります。

①

子どもに頬をあてさせておいて、ゴム風船を膨らまします。その温かさに、子どもは驚くでしょう。

②

頬をあてさせたままで、今度は、口を放してゆっくり縮めます。いきなり冷たくなることに、また子どもは驚くでしょう。

なぜなの？

自転車のタイヤに空気入れで空気を入れていると、いつのまにかポンプの金属部分が熱くなっています。空気は圧縮すると温度が上がるのです。

風船が膨らむということは、こうした圧縮された空気が中に入ることで、外からエネルギーが入っているということです。ですから、当然、温度も高くなります。逆に、風船が縮むときは、中の空気が勢いよく外に飛び出します。このとき、空気の運動エネルギーとして熱が奪われ、温度が下がるのです。

さらにゴムそのものも、引きのばすと熱くなり、縮めると冷たくなるという性質をもっています。

62

ゼムクリップの知恵の輪

S字状に巻かれた紙を挟《はさ》み込んだゼムクリップが、紙の両端を強く引っぱったとたん、一体となって外に飛び出します。

①

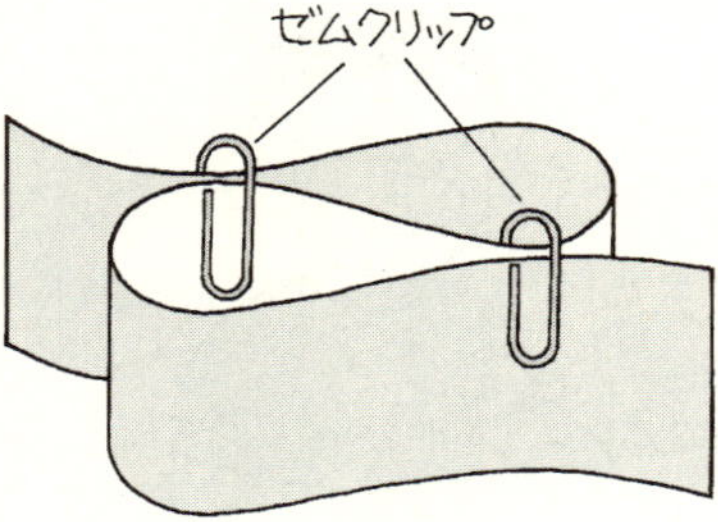

チラシ紙を３センチくらいの幅で細長く切り（割りばしの袋ならそのまま使えます）、紙をＳ字にして、２ヵ所をゼムクリップで挟みます。

②

紙の両端を引っぱります。２つのゼムクリップが１つに組み合わさり、外に飛び出します。

なぜなの?

紙の両端をゆっくり引っぱると、2つのクリップはやがて接触してピンがからみあい、ピチッと音をたてて一体となります。このときは、紙の上に2つのクリップが馬乗りになったような状態です。さらに紙の両端を勢いよく強く引っぱると、2つのクリップは合体してはね飛ばされます。

応用

下図のように、クリップを3個にしたり、輪ゴムを入れたりすると面白いでしょう。

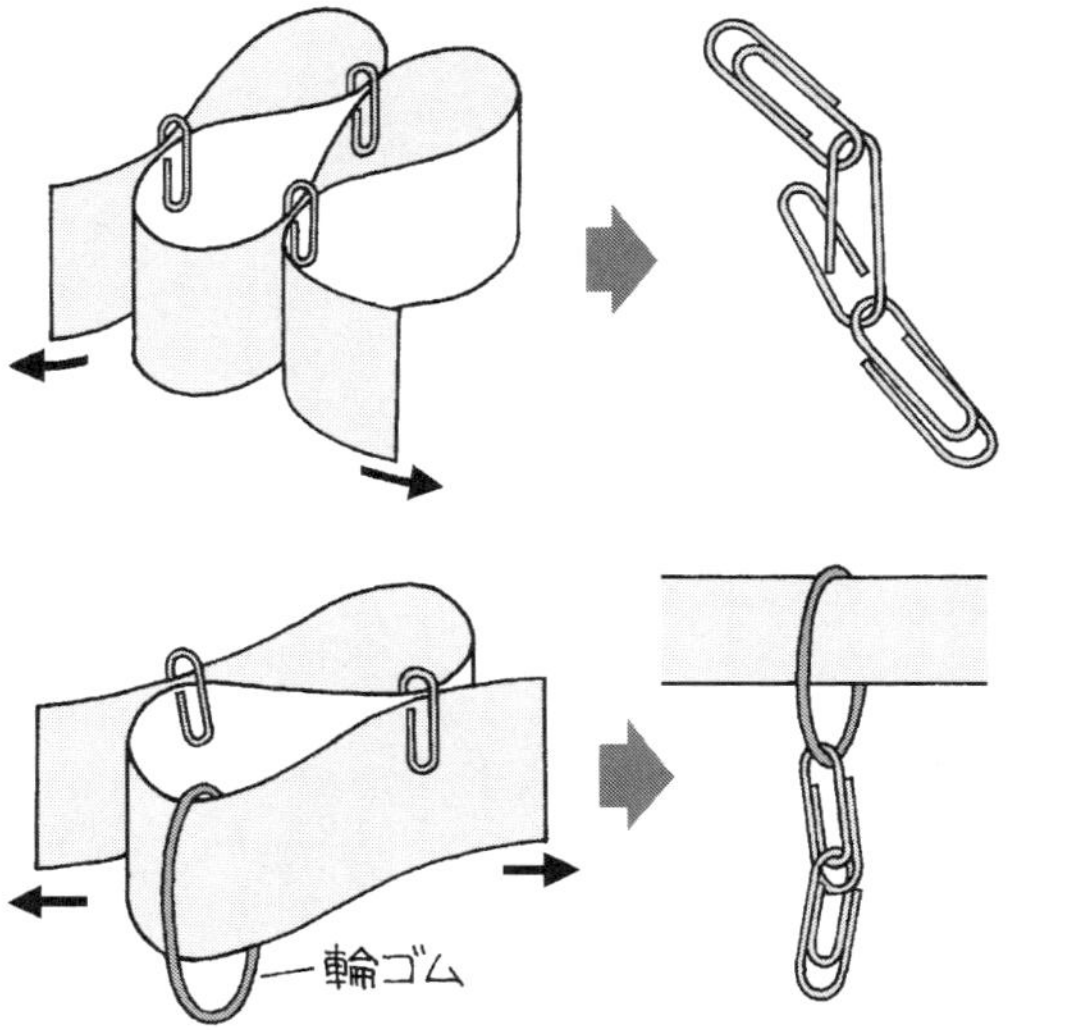

63 吹くと近寄ってくる紙

普通、息を吹きかければ、ものは飛ばされます。
ところが、吹けば吹くほど近寄ってくるというのです。

①

２枚のチラシ紙を平行にして、10cm くらい離して両手に持ちます。

②

そのあいだに思いきり息を吹き込むと、2枚の紙は遠ざかるどころか、お互い近づいて下のほうがピッタリくっついてしまいます。

なぜなの?

これは、空気の流れの速いところでは圧力が下がるというベルヌーイの定理にもとづく現象です。2枚の紙のあいだに思いきり息を吹き込むと、その部分の圧力が下がり、紙は外側から大気圧に押されてくっつくのです。

応用

紙のような軽いものでなく、かなり重いものでもこの手品はできます。たとえば、2個のリンゴを2～3センチ離してひもでつるし、そのあいだを思いきり吹けば、リンゴはくっつきます。

※この手品で登場する「ベルヌーイの定理」のくわしい解説を本書192ページより収録しています。あわせてご覧ください。

64

ストローの中を回る糸

ストローを強く吹くと、ストローの中の長く輪になった糸がクルクルと回転をはじめます。

①

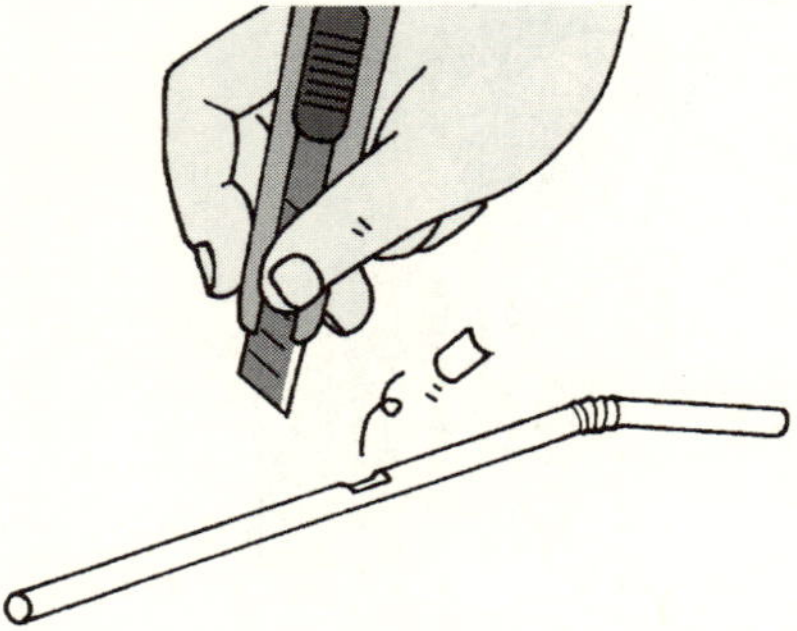

ストローの真ん中あたりの底に、カッターで小さな四角の窓をつくります。

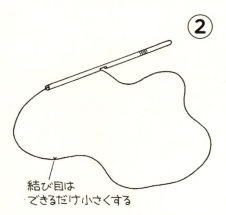

②

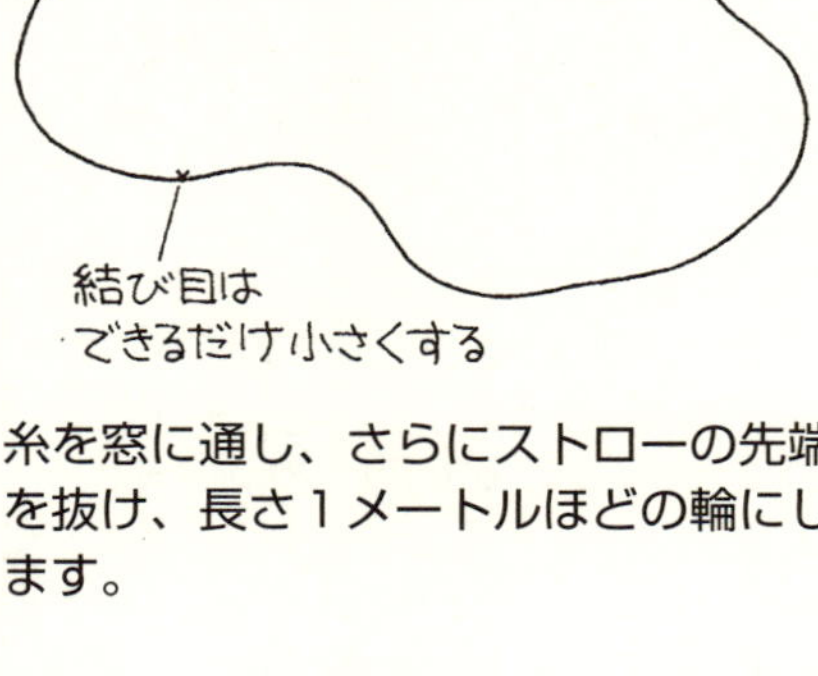

糸を窓に通し、さらにストローの先端を抜け、長さ1メートルほどの輪にします。

③

ストローの他端を強く吹きます。糸がきれいに輪になって回転をはじめます。

なぜなの?

ストローを吹くと、風はストローの中を勢いよく走ります。そのとき、ストローの底につくられた穴の付近の気圧は下がり、穴を通して軽い糸は中に引き込まれます。風が連続的に通過することにより、糸は円を描いて回転します。

※この手品で登場する「ベルヌーイの定理」のくわしい解説を本書192ページより収録しています。あわせてご覧ください。

65

近くは拡大、遠くは逆さ

同じものを通して見ているのに、どうして拡大されたり、逆さになったりするのでしょう。

①

横にふくらんでいるジャムやインスタントコーヒーなどの空きビンに水を満たしてふたをし、テーブルの上の新聞の上に置くと、文字が拡大されます。

②

ところが、このビンを通して遠くを見ると、なんと、景色が上下反対になって見えます。

なぜなの?

円筒状の水入りビンは、見る方向によっては1つの凸レンズとなります。下図のように、焦点の内側に物体があるときは、拡大された虚像を見ることになり、焦点の外側に物体があるときは、逆さになった実像を見ることになります。そのため、新聞の文字は拡大されて見え、遠くの景色は逆さに見えるのです。

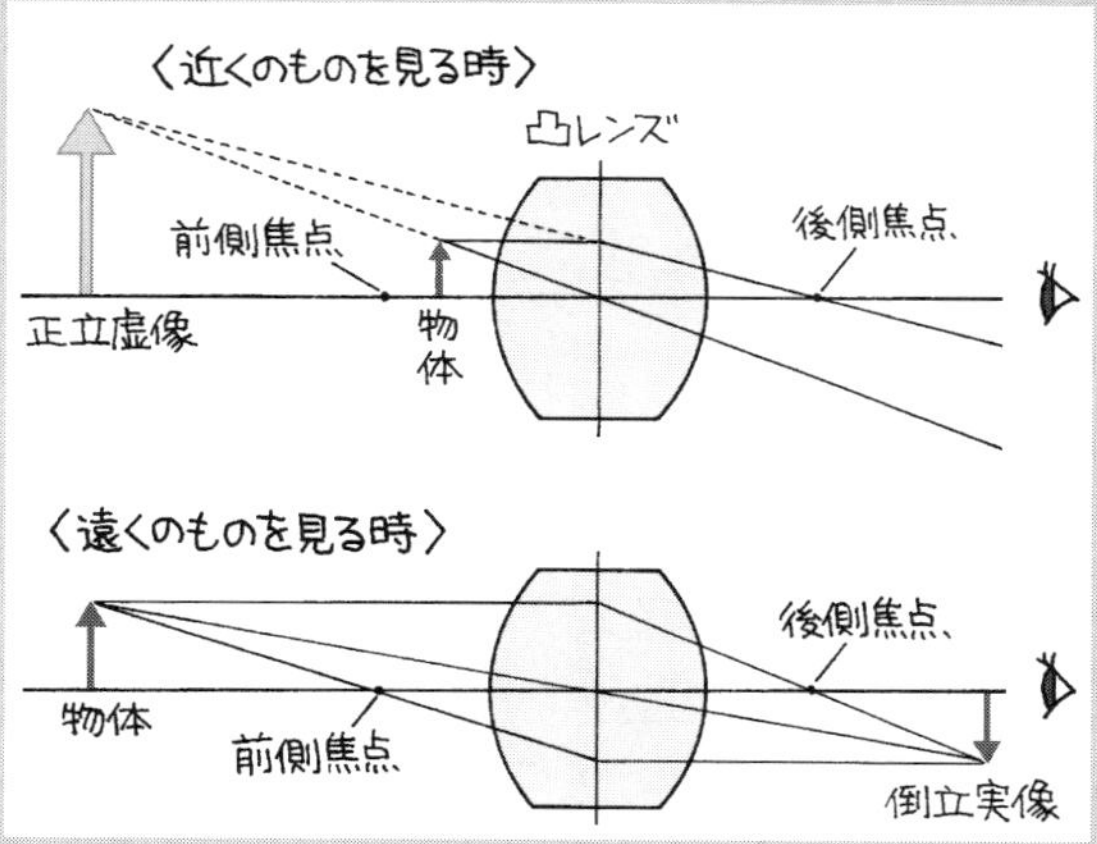

66

箱の段積み

箱を段々にうまく積むと、
最上段の箱が最下段の箱より箱一つ分以上外にはみ出すように積めます。

①

新品のティッシュペーパーの箱を８個用意し、縦に積み上げます。（スーパーの安売りで大量に買い込んだものが押し入れにあるはずです）

②

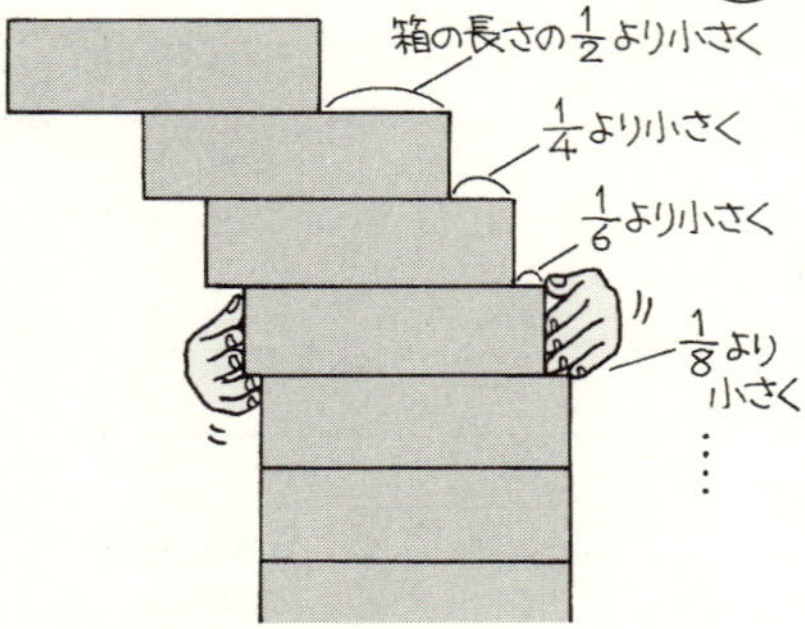

最上段の箱を、上から２段目の箱より、箱の1/2の長さだけはみ出させます。次に、上から２段目の箱を、３段目の箱より、1/4だけはみ出させます。

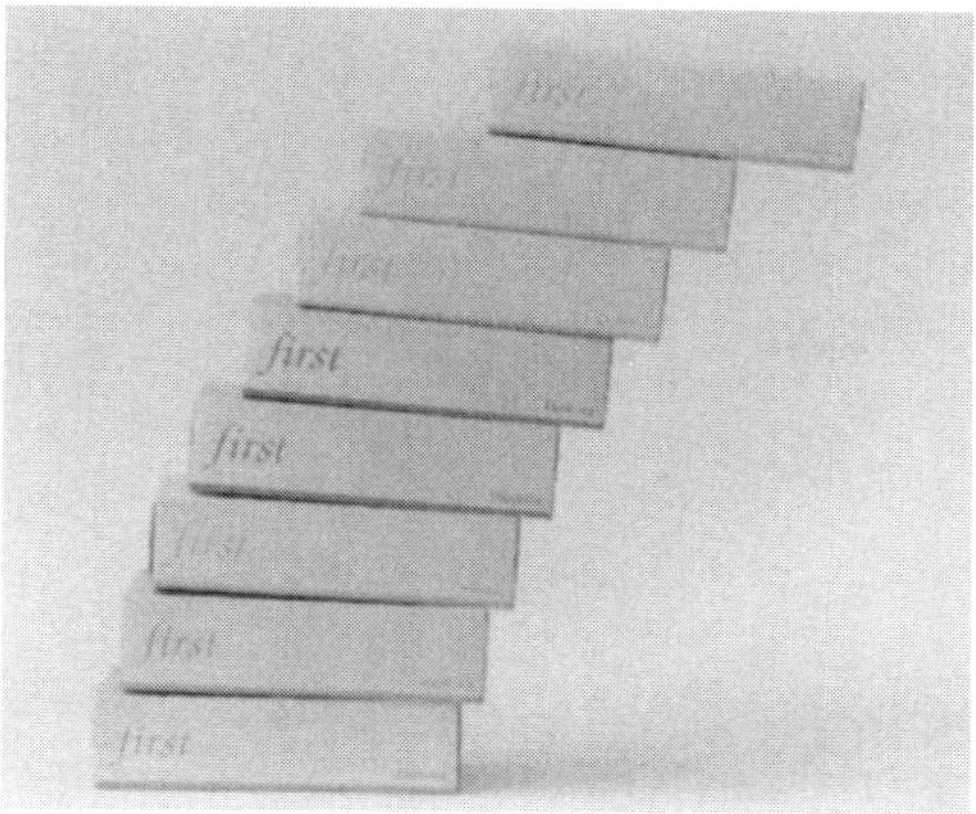

③

さらに、1/6、1/8、1/10、1/12、1/14と、次々に箱をはみ出させていくと、最上段の箱は、最下段の箱より箱1つ分以上外にはみ出します。（ずらす長さは理論値です。実際は、それよりやや短めにずらしてください）

なぜなの？

最上段の箱が、箱1つ分以上外にはみ出していられるのは、全体の重心から下ろした垂線が床と交わる点が、最下段の箱の内側にあるからです。これが最下段の箱の外側になってしまうと、箱全体を回転させる力が生まれ、崩れてしまいます。ちなみに、理論上は、上からN段目の箱は、すぐ下の箱より$1/2N$だけはみ出すことができます。

67 箱のアーチ積み

まったく接着剤を使わずに、ティッシュペーパーの箱を、アーチ形に積むことができます。

①

新品のティッシュペーパーの箱を13個と、割りばしを10組用意します。ティッシュペーパーの箱は、1個だけ残して、6個ずつを縦に積み上げます。

②

箱のあいだに割りばしをはさみながらずらし、アーチの半分を2つ作ります。（アーチは、倒れないように子どもに押さえてもらってください）

２つの半アーチを近づけ、そのてっぺんに残った１個の箱をななめにはめると、アーチができます。

なぜなの?

上のほうにある箱が下に落ちてアーチが崩れないのは、アーチ構造では、下に向かう重力が、隣り合う箱どうしが押しつけ合う力に変換されるからです。

アーチ構造は、古代ギリシャやローマの時代から、ヨーロッパの建造物に広く使われた石組み建築の基本構造です。アーチの一番上にはめこむ石を「キーストーン」と呼び、この石を取り除くとアーチ構造は崩れてしまいます。この構造は地震に強いとはいえず、ヨーロッパで盛んに用いられたのは、日本と違って地震がほとんどないということもあるでしょう。

コラム 6

天才科学者の青年時代
キュリー夫人

マリー・キュリー（一八六七〜一九三四年）の祖国ポーランドは、当時ロシアの属国として虐げられる存在でした。彼女は、不幸な祖国や同胞たちの運命を、学問によって切り開こうと決心しました。

そして、自由の国フランスの大学に入り、電気も水道も暖房もない屋根裏部屋に住み、栄養もろくにとれないような生活に耐えて、物理学科を首席で卒業したのです。

ピエール・キュリーと結婚してからも研究をつづけ、当時ベクレルによって発見された不思議な放射線を出すウランの研究を始めました。

そして、ウランをふくむピッチブレンド（瀝青《れきせい》ウラン鉱）という鉱石を調べてみて驚きました。それは純粋のウランよりはるかに強い放射能を持っていたのです。

彼女は考えました。

「この鉱石の中には、ウランよりはるかに強い放射能をもつ元素があるに違いない」

雨の漏るような粗末な実験室で、一トンのピッチブレンドから、一グラムにも満たない量の未知の元素を取り出す作業がつづきました。

この何年間にもわたる苦しい研究をつづけることができたのは、未知の元素を見つけようという、研究への「情熱」があったからにほかなりません。

やがて、ウランの一〇〇万倍も強い放射能をもつ新しい元素ラジウムを取り出すことに成功しました。これは、科学の常識であるエネルギー保存の法則が破られたのではないかと思われるほどの画期的な発見でした。ラジウムの中からは、大きなエネルギーがどんどん湧き出てきたのです。

キュリー夫妻は、ラジウムによって莫大な利益をあげることもできましたが、

「これは一つの元素であり、世界の人々のものです」

といってラジウムの製造法も自分のものとせず、公開しました。

その情熱と信念に貫かれた研究業績に対して、キュリー夫妻にノーベル物理学賞が、その後キュリー夫人には単独でノーベル化学賞が授与されています。

ここでは、キュリー夫人にちなみ、簡単な霧箱の実験を紹介します。ドライアイスで容器を冷却すると、アルコールの過飽和状態となり、空間を飛ぶ天然放射線が通ると白い飛跡となって見えます。ただし、ある程度の根気と運が必要な実験です。

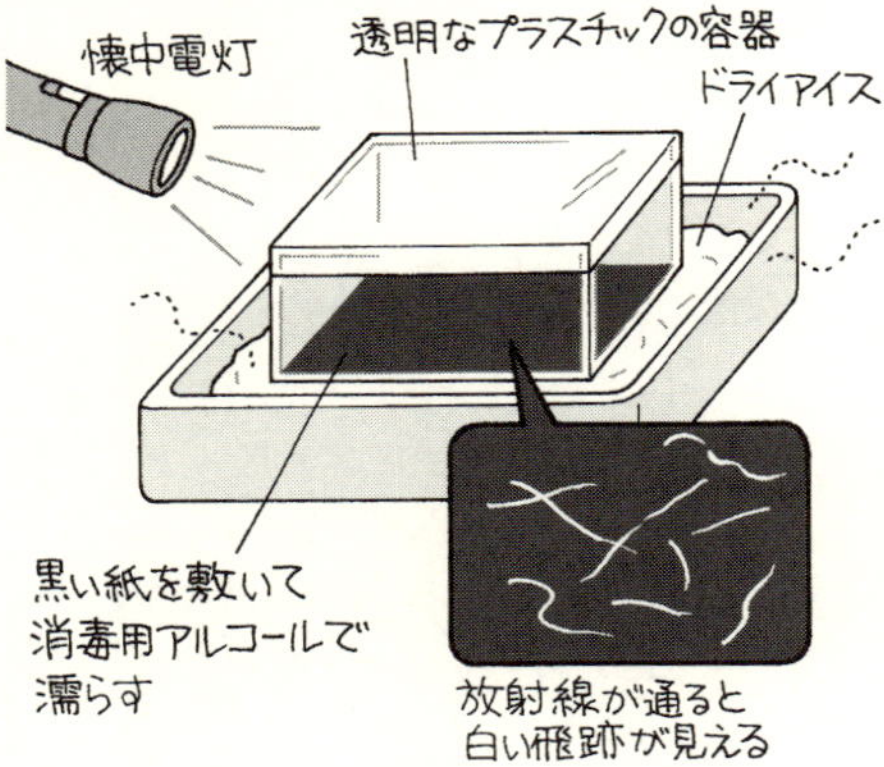

霧箱の実験

まず、透明なプラスチックの容器の底に黒い紙を敷き、消毒用アルコールを注いで濡らします。そして、容器ごとドライアイスブロックの上に乗せ、しばらく冷やします。懐中電灯の光を当てて内部を照らすと、細かい霧が見えはじめます。

このアルコールの過飽和状態の中に、外から放射線が飛び込むと、空気がイオン化され、そのまわりに霧が直線上にできて白く見えるのです。

塩ビのパイプをティッシュペーパーでこすってから近づけると、高圧静電気によって、霧箱の中にただよう雑イオンが除かれ、放射線の飛跡がさらにはっきりと観察されます。

第9章 おやすみ前の科学手品

68

お月さんがついてくる

あまりにあたり前すぎて、パパがこの三〇年間すっかり忘れていたことも、子どもにとっては、驚きの科学手品になります。

①

昼間でも、夜でも、電車や車の窓から月が見えたらもうけものです。子どもの前で、空に向かって呪文をひとこと。「月よ、パパについてこい！」

②

近くの木や電柱は、どんどん後ろに遠ざかっていくのに、月だけはいつまでもついてきます。

なぜなの?

なぜお月さんだけは、いつまでもついてくるのでしょうか。それは、月が地球から38万キロメートルもはなれた天体だからです。これだけ遠くにあるので、月からの光はほぼ平行光線となり、日本中の人が、同じ時間には、ほぼ同じ位置に月を見ます。電車や車で移動するとしても、それは地球と月との距離にくらべれば問題にならず、月は同じところに見える、つまり、ついてくるように見えます。

69

なんでも皿回し

うちわや扇子《せんす》など形が不規則なものでも、一本のはしで支えて回してしまいます。

①

たとえば、うちわを回してみましょう。まず、うちわを１本の指で支え、重心の位置をさがします。

②

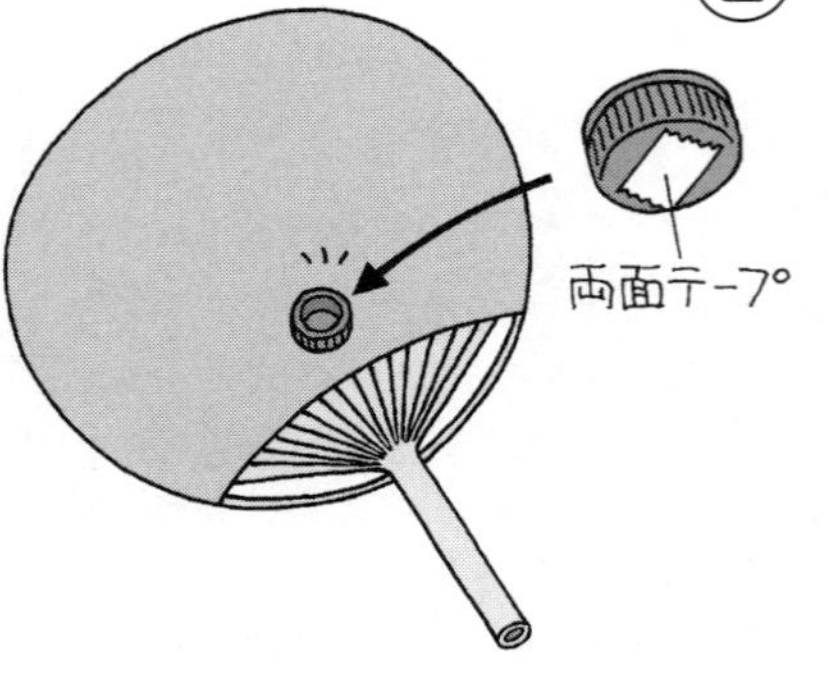

重心の位置に、ペットボトルのふたを両面テープで固定します。

③

ふたの中に先のとがった菜《さい》ばしを差しこんで、手で回転の初速をあたえながら回しはじめれば、うちわを皿回しのように回せます。

〈注意〉
両面テープの接着力が弱い関係で、**軽いものしか回せません。本物のお皿など、重いものをこの方法で回すのは危険ですからやめてください。**

なぜなの？

皿回しの皿が空中で安定しているのは、常に回転しているからです。この手品の場合も、うちわに常に回転をあたえているので、空中に安定します。

70

ナイロンストッキングで虹を見る

ママのストッキングを通して電球を見ると、
虹が見えます。

①

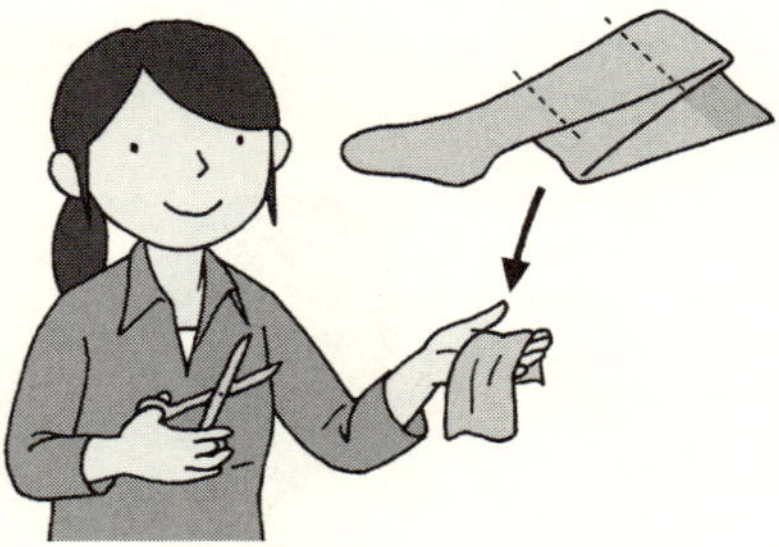

洗濯物の山の中から、ママのナイロンストッキングを拝借します。

②

ストッキングを通して電球を見ると、きれいな虹が見えます。（透明ガラスの電球で、明るいほうが虹はよく見えます）

なぜなの？

ナイロンストッキングは、ナイロンの細い糸で、縦と横に網目状に編まれています。こうした細かい格子状の網目を光が通ると、回折現象《かいせつげんしょう》により光は格子のふちで曲がります。そして、その回折の仕方は光の波長によって異なるため、電球の光は７色のスペクトルに分かれ、虹が見えるのです。

71

ドライヤーでピンポン玉の空中浮遊

ドライヤーで冷たい風を上向きに出し、その風の上にピンポン玉を放すと、ピンポン玉は、上下左右に激しく揺《ゆ》れ動くにもかかわらず、下に落ちません。

①

ドライヤーを冷たい風モードにして、風を上に吹き出し、その風の上に静かにピンポン玉を放します。

②

ピンポン玉は上下左右に激しく揺れ動きますが、ある範囲にとどまって空中を浮遊し、けっして下には落ちません。

③

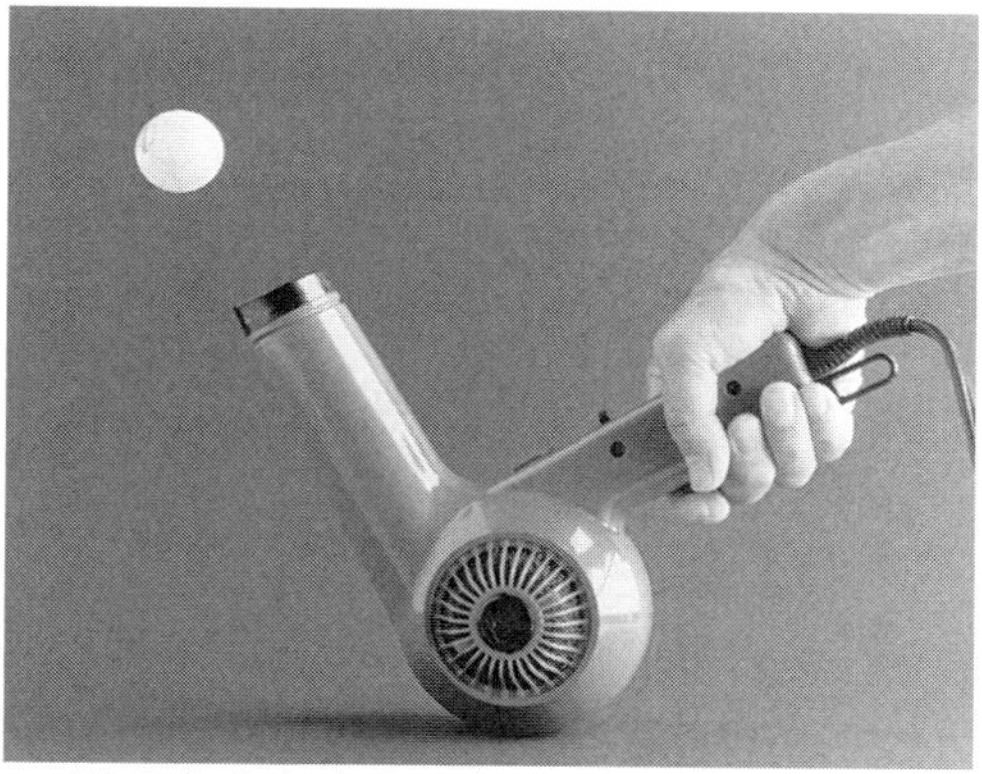

風の向きを変えると、ピンポン玉も風の吹く方向に動きます。また、揺れも止まります。

なぜなの？

ドライヤーからの上向きの風がピンポン玉にあたると、ピンポン玉を下から持ち上げます。ピンポン玉が上下に揺れ動くのは、ピンポン玉の重さのためです。また、左右に揺れ動くのは、ピンポン玉のわきを通る空気の流れの速さが違うからです。つまり、空気の流れが速いところほどその部分の圧力は小さくなり（ベルヌーイの定理）、反対側から圧力を受けて動くのです。

なお、風をななめにしてもピンポン玉が落ちないのは、揚力が生じて力のつり合いが保たれるからです。また、揺れが止まるのは、ピンポン玉の左右を通る気流が一定になるためです。

※この手品で登場する「ベルヌーイの定理」のくわしい解説を本書192ページより収録しています。あわせてご覧ください。

72

雑誌が離れない

接着剤でくっつけたわけでもないのに、二つの雑誌が離れません。

①

週刊誌やマンガ雑誌など、だいたい同じ大きさの雑誌を２つ用意します。

②

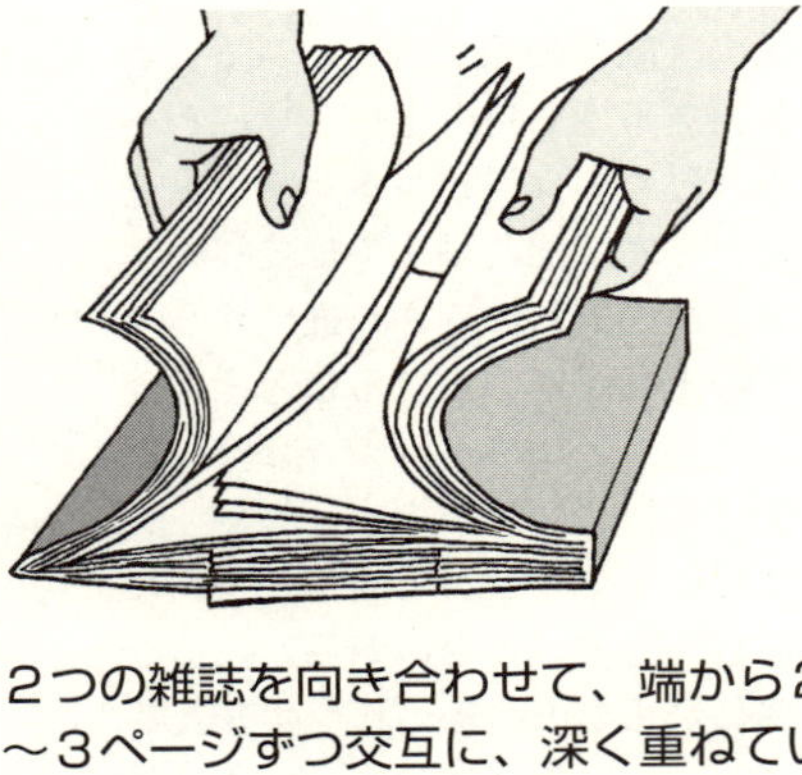

２つの雑誌を向き合わせて、端から２～３ページずつ交互に、深く重ねていきます。

③

全ページ重ね終わったら、子どもに、
2つの雑誌を持たせ、平行に引き離させてみましょう。絶対に離れません。

なぜなの？

紙と紙は、大気圧によってピタッとくっつき、そのあいだには摩擦力がはたらきます。それぞれの摩擦力はそれほど大きくはありませんが、雑誌全体ともなると、お互いを引き離すことができないくらい、摩擦力は大きくなります。

応用

週刊誌やマンガ雑誌などは、全体を重ねる必要がありますが、ファッション誌など、上質の紙を使った雑誌なら、3分の1くらいを重ねるか、あるいは10ページおきくらいに重ねても離れません。

73

紅白のひもの瞬間移動

赤いひもが、気合もろとも一瞬にして、白いひもと入れ替わってしまいます。もちろん、なんのトリックもありません。

①

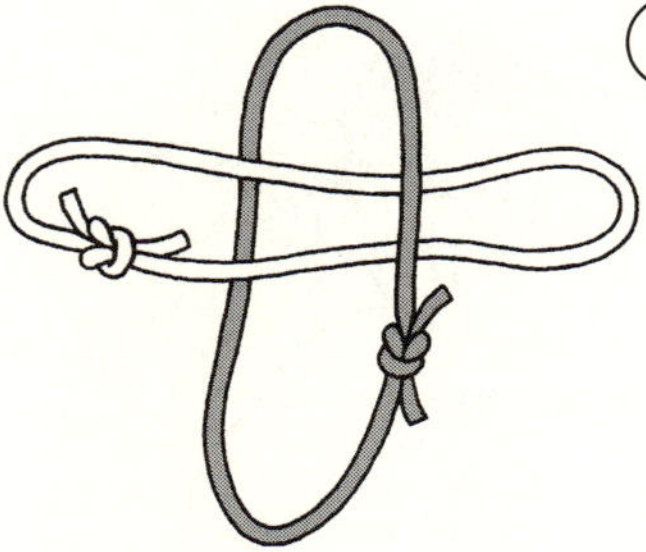

色の違う2つのひもを、それぞれ輪にし、図のように重ねます。（色は演出的には赤と白がベストですが、違いがわかれば、何色でもかまいません）

②

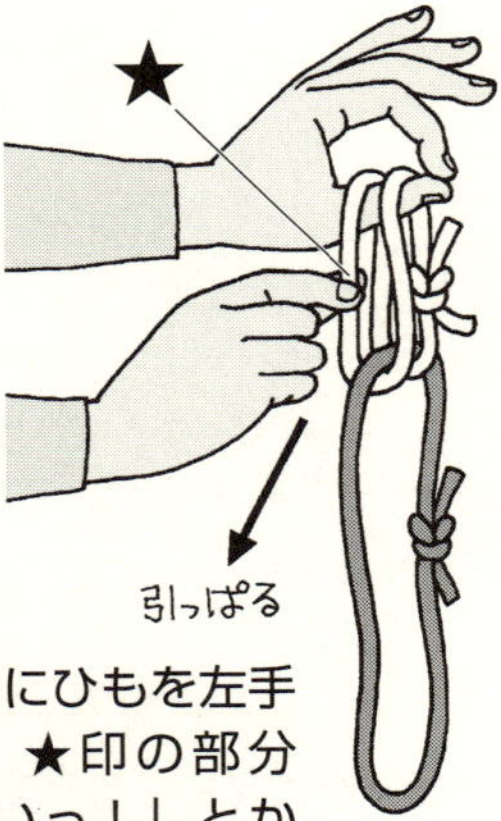

図のようにひもを左手に持ち、★印の部分を、「えいっ！」とかけ声でもかけながら、右手で思いっきり下に引っぱります。

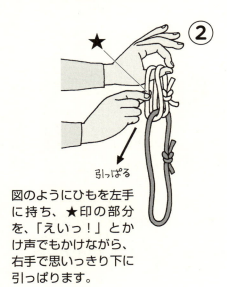

③

一瞬にして、2つのひもが入れ替わります。

なぜなの？

けっしてなにかトリックを使ったわけではありません。ゆっくりと、ひもの動きを追いながらやってみれば、必ずこういう結果になることがわかると思います。

これはほんの一例ですが、ひもを使うといろいろ面白いことができます。

74

クリップがどんどん入っちゃう

満タンのお風呂に入れば、自分と同じ体積の水がこぼれます。
ところが、クリップをどんどん入れても、まったく水がこぼれません。

①

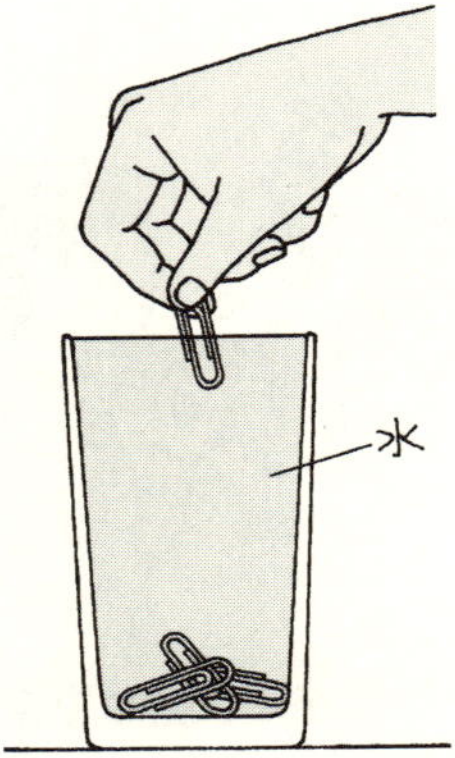

コップに水をふちきりいっぱい入れ、その中に、ゼムクリップを1個、2個と入れていきます。

②

クリップをどんどん入れても水はこぼれず、10個、20個と入れることができます。

なぜなの？

クリップを水の中に入れれば、クリップの体積だけ水面は上昇するはずです。ところが、水には表面張力があるので、水面は山のように盛り上がり、水はこぼれません。表面張力の力はかなり大きく、相当数のクリップを入れても、水面は盛り上がるだけです。

75

浮いてこい

水の中に浮いている魚の醤油差《しょうゆさ》しが、
自由に上がったり、下がったりします。

①

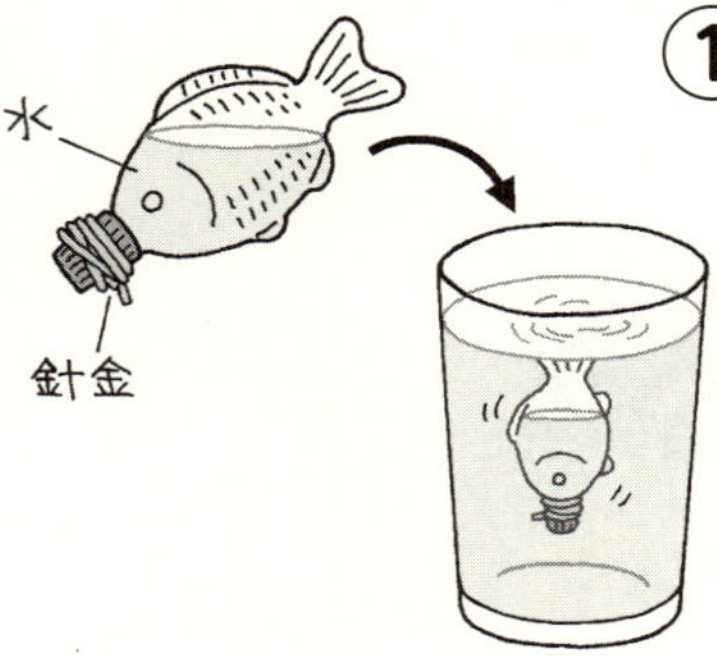

弁当などについている魚の醤油差しの口の部分に針金を巻いておもりとし、さらに水を少し入れ、コップの水にすれすれで浮くように調節します。

②

ペットボトルに水を満たし、コップで調節した魚の醤油差しを入れてからキャップをしっかりします。

「沈め」といいながらペットボトルを手のひらで押すと魚は沈み、「浮いてこい」といいながら手を放すと魚は浮いてきます。

なぜなの？

ペットボトルを手のひらで押して凹ませると、その圧力が水を伝って魚に達し、魚の中の空気を押してその体積を小さくします。このように、水にくわえられた圧力が瞬時に四方に伝わり、離れた物体に圧力をおよぼす現象を「パスカルの原理」といいます。体積が小さくなった魚の中の空気は、その分だけ浮力が減り、魚は重くなって沈みます。このように、水の中では体積と同じ量の水の重さだけの浮力を受けるという原理を「アルキメデスの原理」といいます。手を放せば、魚の中の空気の体積がもとにもどり、浮いてきます。

76

メビウスの鎖

たった一つの輪から鎖《くさり》を作ることができるでしょうか。
メビウスの輪なら、中心部分を真っ二つに切っているだけで、鎖ができます。

①

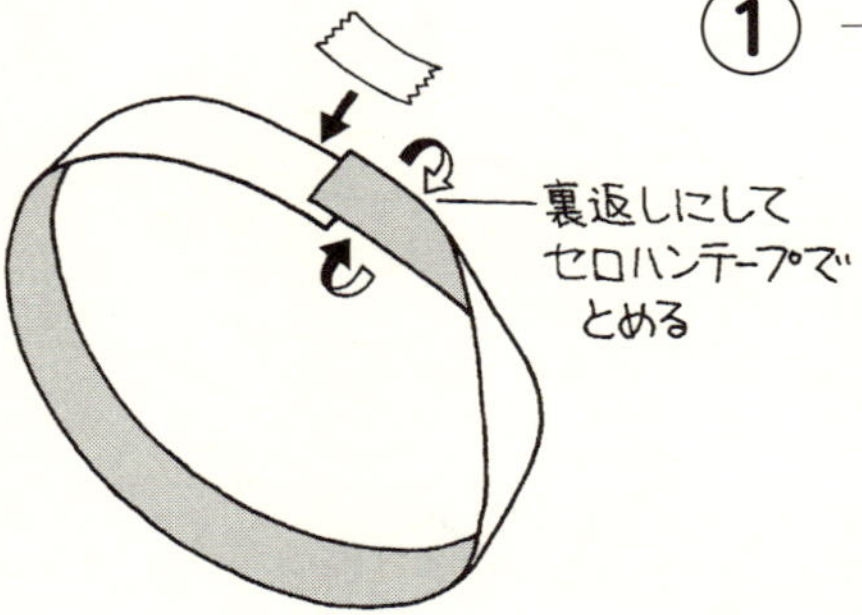

チラシ紙を細長く切り、1回ねじってから端をセロハンテープでとめ、メビウスの輪をつくります。

②

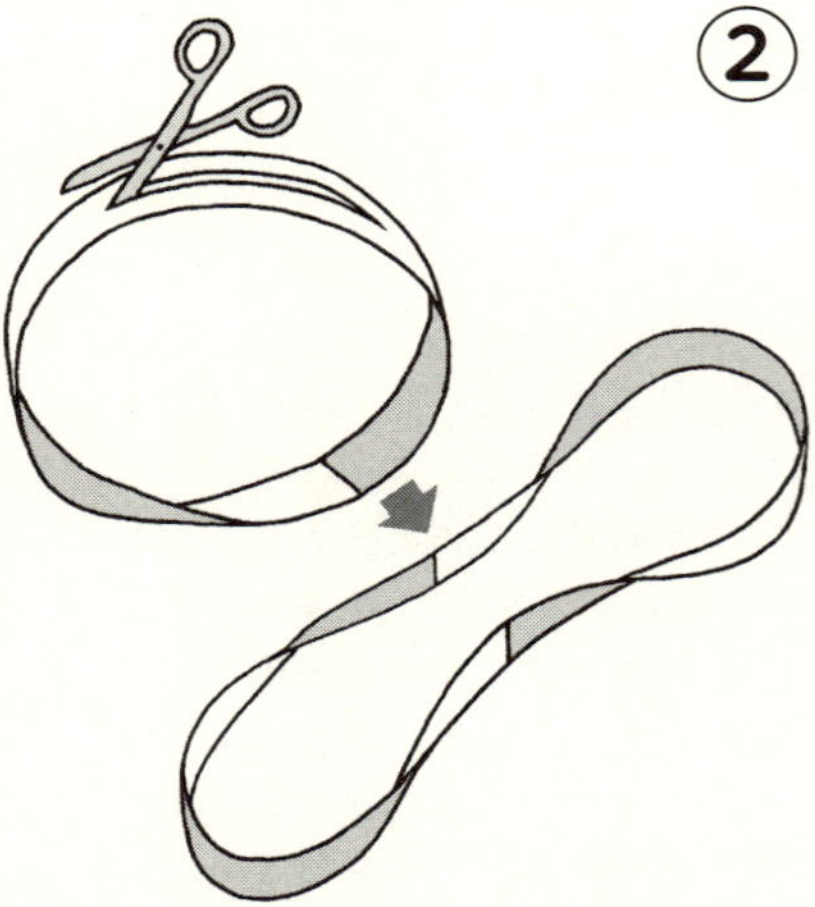

中心を輪に沿って真っ二つに切ると、大きな輪ができます。

③

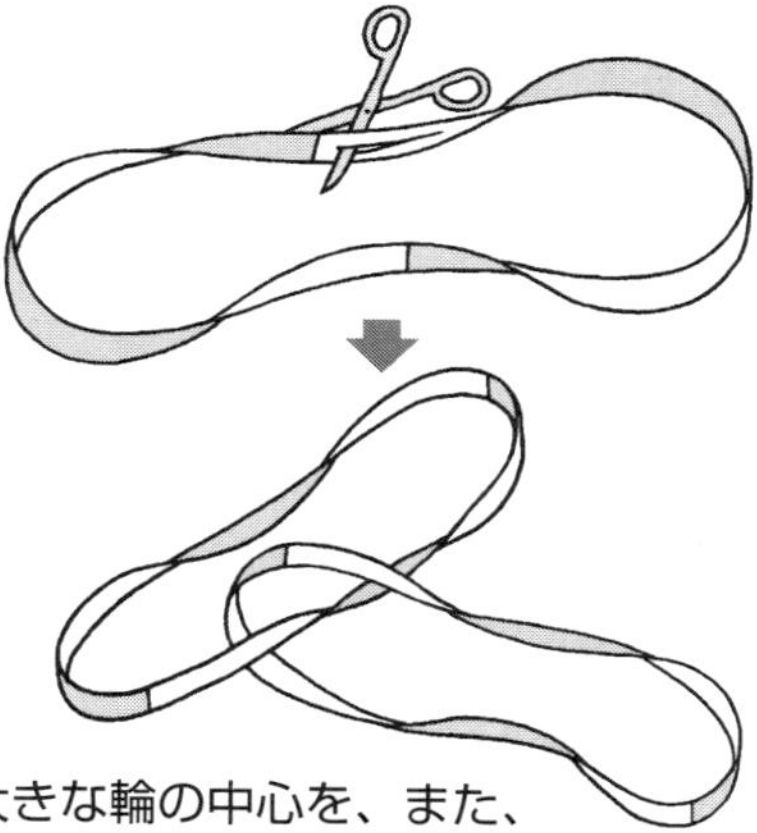

できた大きな輪の中心を、また、
真っ二つに切ると、今度は2つの
輪がつながった鎖ができます。

なぜなの？

この手品には、とくに理由があるわけではありません。このようにするとこうなる、ということしかいえないのです。

メビウスの輪はたいへん不思議な立体です。なにしろ裏表がないのです。出発点にもどるには円周の2倍を移動することになります。

応用

この手品でできた2つの輪の中心部分をさらに真っ二つに切ってみましょう。今度は4つの輪がつながった鎖ができます。

77

無限鏡

人間の理性ではとらえきることのできない「無限」という存在が、私たちのごく身近に出現します。

①

大きな鏡の前に、小さな手鏡を持って立ち、２枚の鏡の面がお互い平行に向かい合うようにします。

②

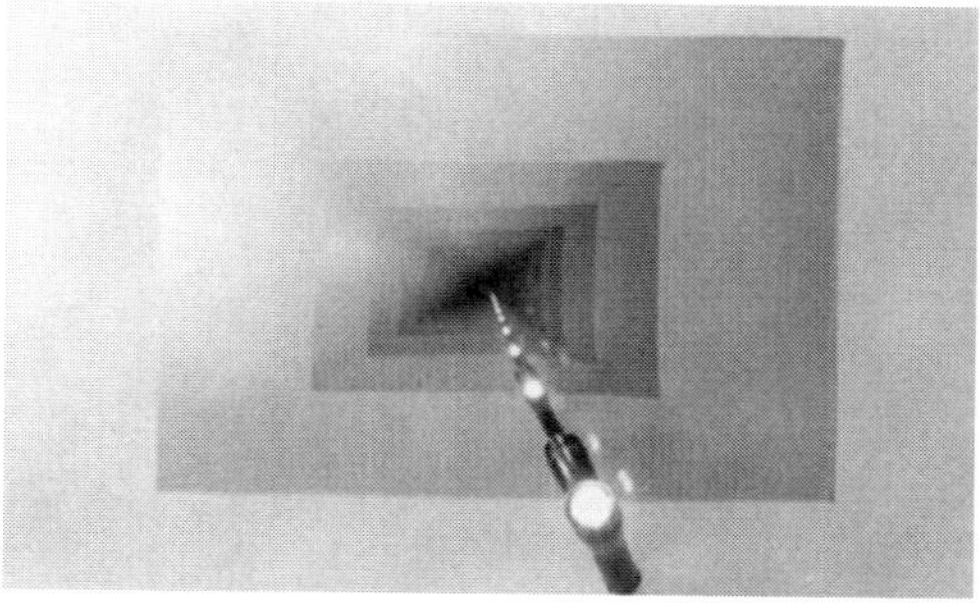

大きな鏡の中には、小さな鏡が無限につづいて見えます。2枚の鏡のあいだに懐中電灯をおき、その光を1つの鏡にあてると、無限につづく光の点が見えます。（上の写真は、ハーフミラーを使って特殊撮影したものです）

なぜなの？

1を3で割れば、小数点以下に無限に3が並びます。このように、私たちは計算などでは、比較的頻繁に「無限」というものに接しています。ところが、私たちの実生活の中に「無限」が現れるというのは、子どもにとって、そして、大人にとってもちょっとした驚きです。鏡の中の像は、完全に無限に存在します。どんな精密な機器をもってしても、正確に像の数を数えることはできません。人間の理性では絶対に把握できないものの存在を実感するひとときです。

解説

竹内　淳（早稲田大学教授）

科学手品を見るとき、子どもたちの目は輝いていることでしょう。その目の輝きは、不思議なものへの好奇心のかたまりそのもので、その輝きに大人たちも大いに魅せられることでしょう。子どもたちにとっては手品の純粋な驚きの中に楽しみがあり、そして成長とともに手品のタネの「からくり」を理解しはじめ、やがてその「からくり」を支える科学の法則にも興味を抱くことでしょう。

後藤道夫氏によるこの77の手品は、簡単で驚きに満ちた科学手品の傑作集であると言えるでしょう。その個々の手品の驚きだけでも十分に楽しめますが、子どもたちが「からくり」について真剣な興味を抱きはじめた場合に備えて、読者のみなさんにとって初めて見た言葉かもしれない「ベルヌーイの定理」について解説しておきましょう。

◆ティッシュペーパーで確かめられます

自然界を支配する科学の法則の中には、人間の普段の生活での体験とマッチするわかりやすい法則と、そうでないものとがあります。たとえば、「地球に重力が存在すること」は、「地面から持ち上げた物体を離すと下に向かって落ちる」という日常体験からわりと容易に理解できます。一方、日常的にはほとんど体験できないのがベルヌーイの定理です。日常的に体験できないので科学手品にも使われているとも言えます。

ベルヌーイの定理の特徴を「空気の流れ」について表すと、

空気の流れが速くなると、流れに垂直な方向の気圧が下がる

というものです。このベルヌーイの定理を体験する最も簡単な実験は、手品63をさらに簡単にした次のような実験です。まず、ティッシュペーパーを1枚用意します。2枚重ねの場合は少し厚いので1枚にしたほうが良いでしょう。これを、両手で持って下に垂らします。次に顔を上から近づけて、息を下向きに、ティッシュペーパーの手前を滑り落ちるように吹きます（図1）。

口先をとがらせて「ふぅー」という感じで吹くと良いでしょう。息を直接、ティッシュペーパーに当ててしまうとうまくゆきません。

ティッシュペーパーの上端を両手の指でつまんで、下に垂らします。上方から、ティッシュペーパーの手前を抜けるように強めに息を吹くと、ティッシュペーパーが息の方向にめくれ上がります。

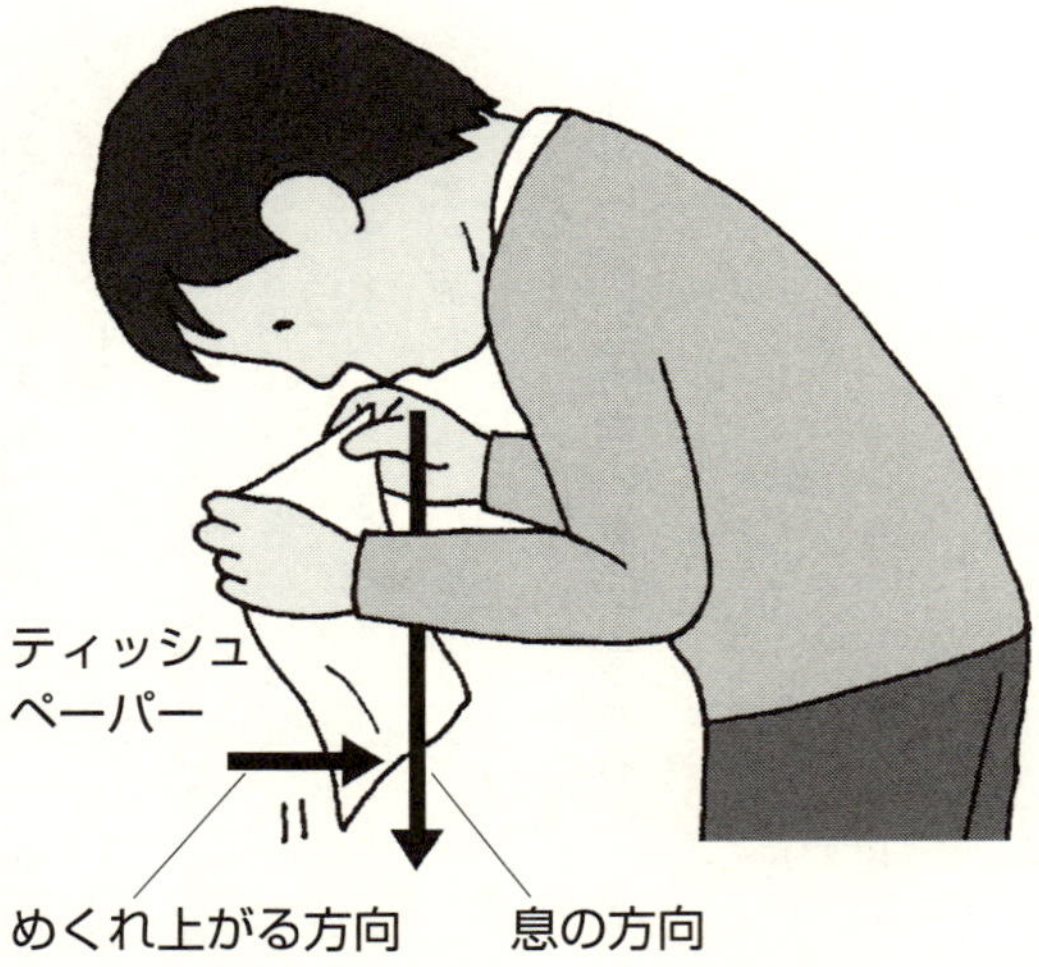

図１　ベルヌーイの定理を確かめる簡単な実験

試してみると、ティッシュペーパーが息の方向にめくれ上がるのが観測できます。

これは吹き下ろした息にベルヌーイの定理が働き、ティッシュペーパーの面に垂直な空気の圧力（気圧）が低くなったからです。この気圧が下がったので、ティッシュペーパーの反対側の面の気圧が相対的に高くなり、ティッシュペーパーは息の方向に動いたのです。

この実験はベルヌーイの定理をごく簡単に体験させてくれます。ティッシュペーパーからの距離を変えたり、息を吹く速さを変えたりしてみると、ベルヌーイの定理がよりいっそう詳しく体感できるでしょう。

ベルヌーイの定理による気圧の低下は、流速の二乗に比例することがわかっています。息のスピードを速くするほど、めくれ上がる動きも大きくなります。

♣「気流の圧力」も理解できる

さて、このベルヌーイの定理の特徴を頭に入れておくと、手品64のストローの実験は容易に理解できます。ストロー内の流れに垂直な方向の気圧が下がるわけですから、ストローの側面に穴を空けると、ストローの外の気圧より内側の気圧が下がって糸がストローに引き込まれます。

手品71のピンポン玉とドライヤーの実験も理解できます。ドライヤーによる空気の流れは中心が最も速く、外側ほど遅くなっていき、最も外側の速さはほぼゼロになるでしょう。とすると、ベルヌーイの定理によって「流れに垂直な方向の気圧」は中心部が最も低く、外側ほど高いことになります。したがって、空気の圧力は外側から内側に向かってかかります(図2)。

ドライヤーを上に向けて、空気の流れの中にピンポン玉を入れた後の動きを考えてみましょう。

まず、地面と水平方向の動きを考えます。水平方向では、流れの中心に向けた圧力が働きピンポン玉は中心に向かって動きはじめるでしょう。このピンポン玉の動きには勢い（慣性）がつくので、ピンポン玉は流れの中心でただちに止まるのではなく、中心点を行き過ぎるでしょう。行き過ぎると、ベルヌーイの定理により逆の水平方向（中心に向かう方向）に力が働き、ピンポン玉の動きは反転して中心に向かいはじめるでしょう。

この動きは水平方向の振動としてしばらく続き、やがて中心点で止まると考えられます。

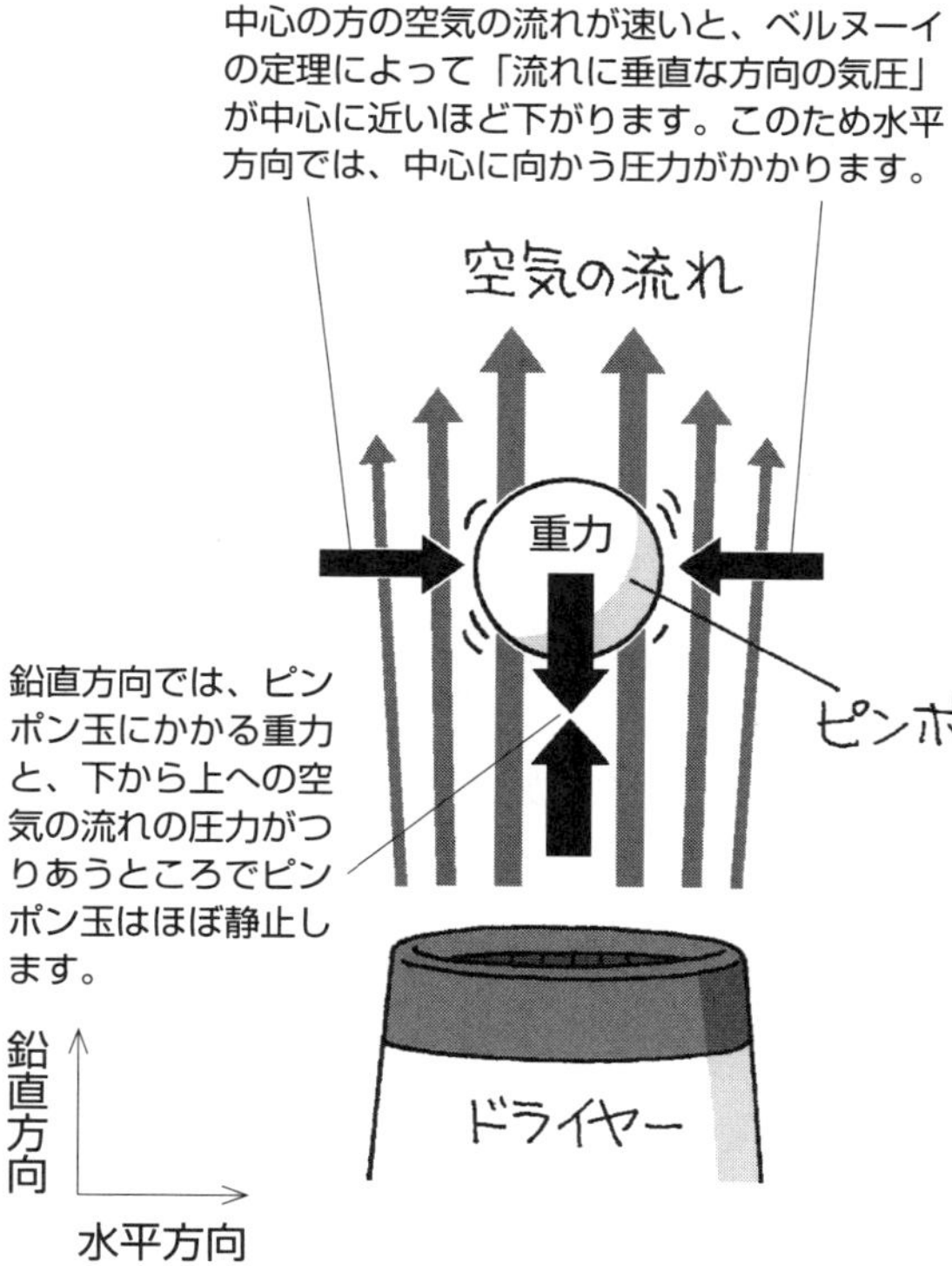
中心の方の空気の流れが速いと、ベルヌーイの定理によって「流れに垂直な方向の気圧」が中心に近いほど下がります。このため水平方向では、中心に向かう圧力がかかります。
空気の流れ
重力
ピンポン玉
鉛直方向では、ピンポン玉にかかる重力と、下から上への空気の流れの圧力がつりあうところでピンポン玉はほぼ静止します。
ドライヤー
鉛直方向
水平方向

図2　ピンポン玉に働く力

次に鉛直方向の動きについて考えると、ピンポン玉に働くのは、ドライヤーによる下から上への空気の流れによる圧力と、上から下への重力の二つです。

ドライヤーによる下から上への空気の流れはドライヤーに近いほど速く、上に離れるほど遅くなるので、ドライヤー上方のどこかで、両者はつりあいます。したがって、このつりあいの位置から外れた位置にピンポン玉を入れると、ピンポン玉はつりあいの位置に向かって動きはじめ、鉛直方向でも振動し、やがてつりあいの位置で静止するものと考えられます。

なお、以上の説明はドライヤーによる空気の流れが常に一定である場合の動きです。ドライヤーの空気の流れが一定ではなく時間的に変動している場合には（ドライヤーを持つ手が揺れる場合など）、ピンポン玉の振動が止まらなかったり、ピンポン玉が下に落ちてしまうことなども起こりうるでしょう。

♠巨大旅客機が飛べるわけ

手品60の「応用」におけるテントの説明で「テントが吹き飛ばされそうになったときは、テントの一部を開けて風が吹き抜けるようにすれば、テントは安定し、飛ばされないですむでしょう」という説明には注意を要します。風が地面を水平に定常的に流れていて、風の流れにそった方向のテントの両側を同時に開く場合には、「ベルヌーイの定理によるテントを上に持ち上げる力」は減少します。しかし、入り口を開けた場合に、下方から上に噴き上げる風があると、テントは吹き飛ばされやすくなります。

このベルヌーイの定理を最も上手に利用しているのが、飛行機の翼です。人間の息の流速では、ティッシュペーパー１枚を動かす程度ですが、流速が速くなればなるほど圧力の低下は大きくなります。飛行機の離陸速度は、旅客機の場合でだいたい時速３００キロメートルぐらいです。現在、世界最大の旅客機であるエアバスＡ３８０を例にとると、離陸時で翼の１平方メートルあたり、６６３キログラムもの揚力が生まれます。つまり約０・７トンであり、人間ほぼ10人分です。Ａ３８０の翼の面積は、８４５平方メートルもあるので、総計で５００トンを超える揚力が生まれます。航空機は世界中の人々を様々な場所に運ぶために不可欠の存在ですが、このようにベルヌーイの定理は実社会でも大活躍しています。

このベルヌーイの定理を生み出したダニエル・ベルヌーイとはどのような人物だったのでしょうか。ダニエルは、１７００年にオランダで生まれました（１７８２年没）。ベルヌーイ家は数世代にわたって天才を生み出し続けた稀有《けう》な家系で、父ヨハン・ベルヌーイ（１６

６７～１７４８年）や伯父のヤコブ・ベルヌーイ（１６５４～１７０５年）も有名な科学者です。ダニエルはこのベルヌーイの定理以外にも物理学と数学ですばらしい業績を上げています。日常体験では容易には気付かない「ベルヌーイの定理」を見つけたダニエルには、卓越した頭脳に加えて、自然界に潜《ひそ》む「からくり（法則）」を見出す大いなる好奇心があったことでしょう。

子どもたちが本書の科学手品によって科学への大いなる好奇心を育《はぐく》んでくれることを願ってやみません。

62	ゼムクリップの知恵の輪	奇妙な組み合わせ
63	吹くと近寄ってくる紙	空気の流れ
64	ストローの中を回る糸	空気の流れ
65	近くは拡大、遠くは逆さ	凸レンズの性質
66	箱の段積み	力のつりあい、重心
67	箱のアーチ積み	力のつりあい、 アーチ構造

第9章　おやすみ前の科学手品

68	お月さんがついてくる	光の性質
69	なんでも皿回し	回転体の安定
70	ナイロンストッキングで虹を見る	光の回折
71	ドライヤーでピンポン玉の空中浮遊	空気の流れ
72	雑誌が離れない	摩擦、大気圧
73	紅白のひもの瞬間移動	ひもの組み方
74	クリップがどんどん入っちゃう	水の表面張力
75	浮いてこい	水の圧力、浮力
76	メビウスの鎖	奇妙な立体
77	無限鏡	無限

41	ゴム手袋が抜けない	大気圧
42	発泡スチロールを溶かす	化学反応
43	アルミホイルのタコ踊り	静電誘導
44	吹くと高くなるのに、 たたくと低くなる	音の性質

第6章　太陽の下で科学手品

45	霧吹きで虹をつくる	光の屈折
46	洗面器の中の鏡で虹をつくる	光の屈折
47	自動濾過ガーゼ	毛細管現象
48	砂鉄が並ぶ	磁石と磁力線
49	水面に映った木がちぢんでいく	光の性質
50	腕時計で方角をあてる	地球の自転と時間

第7章　お風呂で科学手品

51	水道の蛇口でだんごを作る	水の表面張力
52	ゴムホースで「永久機関」	大気圧
53	進め！　ようじの丸木船	水の表面張力
54	ピンポン玉のおさんぽ	水の流れ
55	石鹸を塗るだけできれいになる鏡	疎水性と親水性
56	シャボン膜で虹を見る	光の干渉

第8章　リビングで科学手品

57	封筒の中の手紙の文字を外から読む	光の反射
58	ストローを切っていくと音が変わる	音の共鳴
59	電気チョウチョ	静電気
60	吹いてもひっくり返らない名刺	空気の流れ
61	ゴム風船の膨らむときと縮むとき	空気の膨張と収縮

21	一万円札が磁石で大回転	インクの中の鉄分

第3章　体を使って科学手品

22	指一本で立てない	力のつりあい
23	うでが縮む	筋肉のはたらき
24	背骨が伸びる!?	筋肉のはたらき
25	左足が上がらない	重心
26	つま先立ちができない	重心
27	瞳がちぢんじゃう	瞳孔のはたらき
28	キャップがはめられない	視差
29	反対の指が上がっちゃう	左右の認識
30	右手はたたいて、左手はこする	左右の認識

第4章　ごはんの前に科学手品

31	おしぼりが離れない	摩擦
32	ストローの負電荷で割りばしが大回転	静電気
33	スプーンとアルミホイルで味がする	電池
34	スプーンの磁石	磁化と消磁
35	いきなり凍るビン	過冷却
36	半分に切ったはずなのに	力のモーメントとつりあい
37	食塩水をかんたん電気分解	電気分解

第5章　ごはんの後に科学手品

38	割りばしでやかんを宙に吊る	力のつりあい、重心
39	アルミ缶のおさんぽ	静電気
40	火花が飛ぶアルミ缶	静電気

本書で取り上げた科学手品のテーマ一覧

第1章　台所で科学手品

1	水入りポリエチレン袋がハリネズミに	高分子の性質
2	ストローで水を曲げる	静電気
3	米吊り	摩擦
4	水を入れた紙コップが燃えない	水の熱容量、紙の発火温度
5	ペットボトルのトルネード	水のうず
6	金属ボールの噴水	共振
7	水が入らない漏斗	空気の圧力、水の表面張力
8	かさのポリ袋で赤と青の光が見える	光の反射
9	宙に浮くコルクとフォーク	力のつりあい、重心
10	コルクとフォークでヤジロベー	力のつりあい、重心
11	フォーク二本と十円玉のヤジロベー	力のつりあい、重心
12	卵がコップのふちに乗る	力のつり合い、重心

第2章　お金で科学手品

13	千円札の上の十円玉	力のつりあい、重心
14	絶対に取れない一万円札	落下運動、反応時間
15	一円玉を通り抜けるビー玉	落下運動、衝突
16	上を切ろうか下を切ろうか五円玉	慣性
17	十円玉が落ちない	靱帯と筋肉のはたらき
18	十円玉がぴっかぴか	酸化と還元
19	一円玉の衝突	運動量保存の法則
20	一円玉を吹いて茶碗に入れる	空気の流れ

N.D.C.407　205p　18cm

ブルーバックス　B-2120

子《こ》どもにウケる科《か》学《がく》手《て》品《じな》　ベスト版《ばん》
どこでも簡単にできる77の感動体験

2019年12月20日　第1刷発行

著者　後藤《ごとう》道《みち》夫《お》
発行者　渡瀬昌彦
発行所　株式会社講談社
〒112-8001　東京都文京区音羽2-12-21
電話　出版　03-5395-3524
販売　03-5395-4415
業務　03-5395-3615
印刷所　（本文印刷）株式会社新藤慶昌堂
（カバー表紙印刷）信毎書籍印刷株式会社
製本所　株式会社国宝社
本文データ制作　ブルーバックス

定価はカバーに表示してあります。

©後藤百合子　2019, Printed in Japan
落丁本・乱丁本は購入書店名を明記のうえ、小社業務宛にお送りください。送料小社負担にてお取替えします。なお、この本についてのお問い合わせは、ブルーバックス宛にお願いいたします。

本書のコピー、スキャン、デジタル化等の無断複製は著作権法上での例外を除き禁じられています。本書を代行業者等の第三者に依頼してスキャンやデジタル化することはたとえ個人や家庭内の利用でも著作権法違反です。

Ⓡ〈日本複製権センター委託出版物〉複写を希望される場合は、日本複製権センター（電話03-3401-2382）にご連絡ください。


ISBN978－4－06－516386－3

発刊のことば

科学をあなたのポケットに

二十世紀最大の特色は、それが科学時代であるということです。科学は日に日に進歩を続け、止まるところを知りません。ひと昔前の夢物語もどんどん現実化しており、今やわれわれの生活のすべてが、科学によってゆり動かされているといっても過言ではないでしょう。

そのような背景を考えれば、学者や学生はもちろん、産業人も、セールスマンも、ジャーナリストも、家庭の主婦も、みんなが科学を知らなければ、時代の流れに逆らうことになるでしょう。

ブルーバックス発刊の意義と必然性はそこにあります。このシリーズは、読む人に科学的に物を考える習慣と、科学的に物を見る目を養っていただくことを最大の目標にしています。そのためには、単に原理や法則の解説に終始するのではなくて、政治や経済など、社会科学や人文科学にも関連させて、広い視野から問題を追究していきます。科学はむずかしいという先入観を改める表現と構成、それも類書にないブルーバックスの特色であると信じます。

一九六三年九月

野間省一